TRAUGOTT GIESEN

Tage Jahre Leben

Neue Kolumnen
für alle Fälle

RADIUS

Traugott Giesen, 1940 in Bonn geboren, aufgewachsen in Fulda,
war zehn Jahre Pfarrer in Berlin-Neukölln
und 1976 bis 2005 Pastor in Keitum auf Sylt.
Über »www.lebensmut.de« kann man Andachten beziehen
und mit Traugott Giesen ins Gespräch kommen.

Lieferbare Radius-Bücher des Autors

Gott weiß.
12 Anregungen für Lebensmut

Hiersein ist herrlich
Texte für jeden Tag des Jahres

Ich kann von Glück sagen
30 Lockrufe

Sylt für die Seele
mit 45 Fotos von Hans Jessel

ISBN 3-87173-311-3

Umschlag: André Baumeister
Gesamtherstellung: Clausen & Bosse, Leck
Printed in Germany

Zuvor

Jeder hat seine Zeit, seine Erfahrungen, seine Schmerzen, sein Glück. Und doch sind wir ähnlich bedürftig, begabt, ängstlich, gerne großzügig. Dass wir von einem Menschenpaar abstammen sollen, bebildert nur die Verwandtschaft aller mit allen, wie das erste Geschwisterpaar Kain und Abel uns beschreibt als verletzlich, als gewalttätig, als Gott beleidigend und auf seine Güte angewiesen. So haben wir genug Ähnliches, um uns verstehen zu können, auch genug Verschiedenes, um neugierig auf des andern Meinung zu sein – wenn sie denn griffig daherkommt. »Tritt frisch auf, machs Maul auf, hör bald auf« – riet Martin Luther den Pastoren – was verschärft gilt, wenn Christenwissen per Zeitung kommt.

In der Samstagsausgabe der »Welt«, im Hamburgteil, erschienen von 2000 bis 2004 diese Gedanken zum Menschlichen. Was zu sehr dem Tagesgeschehen verhaftet war, ist vorbei. Aber die hier versammelten Texte können die eigene Selbsterfahrung stärken. Sie sind locker geordnet um das Alltägliche (28 Stücke), Daten des Jahres (30 Stücke), und die Schnittpunkte des Lebenslaufes (24 Stücke).

Wir lassen uns ja ungern reinreden, aber wie nebenbei, auf Reisen oder beim Stehkaffee kommt man leicht ins Gespräch und nach einigen Sätzen ist man tief bei sich.

Inhalt

TAGE

Genieße Gelingen *12*
Kränkung verarbeiten *14*
Vertrauen und Kontrolle *16*
Um Verzeihung bitten – stark *18*
Sympathie, der köstliche Stoff *20*
Sehnsucht nach Bedeutung – Esoterik *22*
Steine sammeln, Steine zerstreuen *24*
Tu was für deinen Körper *26*
Freiheit, Bindung, Werte *28*
Wage das offene Wort *30*
Das Böse mit Gutem überwinden *32*
Schicksal und Arbeit *34*
Auf dem richtigen Weg *36*
Aufmerksamkeit ist ein knappes Gut *38*
Arbeitslose sind's nicht gerne *40*
Christenwissen fürs Regieren *42*
Reden ist Gold *44*
In die Talkshow ausgewandert *46*
Auch deine Unlust hat ein Recht *48*
Das Kunstwerk von Geben und Nehmen *50*
Gib deiner Seele Recht *52*
Auto und Charakter *54*
Liebe macht schön *56*
Immer wenn du denkst, es geht nicht mehr *58*
Schuss vorn Bug – Man ist erschöpft und darf es sein *60*
Der Hass in dieser Welt macht alle Menschen krank *62*
Mit Unsicherheit leben *64*
Auch beim Altern muss die Würde gewahrt bleiben *66*

JAHRE

Neujahr: Jetzt los, jetzt den Anfang von etwas! *70*
Januar: Mal eben in die Sonne *72*
Von Karfreitag nach Ostern *74*
Die Trompeten des Lichts *76*
1. Mai :Das Erlebnis der Arbeit *78*
Ehre den Ehrenamtlichen *80*
Sonntag Rogate: Betet! *82*
Muttertag ist mehr als ein schön gedeckter Tisch *84*
Himmelfahrt – Pfingsten *86*
Pfingsten macht, dass ich aus dem Herzen sprechen kann *88*
Du nimmst so viel aus dem Glauben – stärke die Kirche *90*
Die Freiheit des Reisens – Dem Fremden sich nähern *92*
Erntedank steht uns gut an *94*
Katholiken, macht es gut! *96*
Freude im November *98*
Vieles ist aus *100*
Die unermessliche Traurigkeit *102*
Der Wahnsinn ist ganz nah – Aber wir müssen weiter *104*
Der Nächste so nah so fern *106*
Das Grauen vom Himmel *108*
Gegen die Rechten hilft nur Befreundung *110*
Volkstrauer – ein guter Tag *112*
Buß- und Bettag: Vergebung in Anspruch nehmen *114*
Friedhof – ein guter Ort *116*
Nach und nach geht uns ein Licht auf *118*
Advent ist ein starker Stoff *120*
Maria und Josef – das neue Mannsbild / Frauenbild *122*
Leuchtende Augen sind das Geschenk *124*
Sicher dir dein Jahr *126*
Die Zeit eilt, teilt, heilt *128*

LEBEN

Wir haben die Tendenz zur Vollendung in uns *132*
Von weit her gewollt *134*
Kinder sind ein Wunder *136*
Ein Kind muss leben *138*
Glückskind – Schulanfang *140*
Ein Hoch auf den Konfirmanden *142*
Schaut mal, ob ihr passt *144*
Was sollte man vor der Ehe regeln? *146*
Euer Kind ist besonders heilig *148*
Wie leben mit dem Tod eines Kindes? *150*
Vom Glück eines eigenen Hauses *152*
Einem Paar in Krise *154*
Wenn Scheidung sein muss *156*
Sich das ewige Leben nehmen *158*
Seinen Enkeln zuschauen zu dürfen *160*
Streit um das Erbe *162*
Sechzig geworden *164*
Gratulation zur Pensionierung – vor dir liegt Freudenland *166*
Erst mal leben – und dann das Abenteuer, alt zu werden *168*
An einen Menschen mit Lust zum Weglaufen *170*
Einverstanden, mal zu gehen *172*
Beerdigung braucht Evangelium *174*
Nach Hause sterben *176*
Zu guter letzt: Behüt Dich Gott, bitte *178*

Tage

Der Tag ist das uns alle prägende Muster für Ablauf, Kommen und Gehen. Morgens werden wir uns neu geschenkt, abends legen wir uns, strecken alle Viere von uns. Unermesslich wie jeder neue Tag ist die Energie, die uns jeden Tag anfeuert zu neuem Tagwerk. Was wir alles über den Tag hin wahrnehmen und tun – wir haben viel Gemeinsames, schon ein einziger Tag voll Leben ist eine ganze Welt.

Genieße Gelingen

Warum sind uns Erfolge wichtig? Auch wenn keiner zuguckt? Und warum sollen wir es dreimal überlegen, ehe wir die Hände in den Schoß legen? Das ist eine lange Geschichte. Es fing ja damit an, dass wir Menschen was abbekommen haben von der Leidenschaft Gottes, die voller Lust am Gelingen ist. Das erste Kapitel der Bibel schwärmt von der Erschaffung der Welt: Sechsmal wird das Werk für gut befunden, dann heißt es: »Und Gott sah an alles, was er gemacht hat, und siehe, es war sehr gut.« Sehr gut für weitere Entwicklung bis zur Vollendung. Der schaffende Weltengrund freut sich am Gelingen und ruft mit dem Menschen sich ein Wesen hervor, das ihm ähnlich fühlt. Sicher liegen wir maßstäblich im Nanobereich, vielleicht sind wir Gott so ähnlich wie uns der Hund. Aber in uns ist die Lust gepflanzt, Freude am Gelingen zu empfinden. Die Kehrseite davon ist: Wir sind wie vernichtet, wenn uns nichts gelingt. Und es kann uns anstiften, den zu erniedrigen, den wir für schuldig halten an unserer Misere. Es gibt wirklich Pechvögel und Ausgebeutete und vom Leben Kurzgehaltene; auf manch einen möchte man ein Engelteam herabflehen.

Doch du, bist du ins Gelingen verliebt? Du kannst doch genießen, dass dir die Kakteen gedeihen oder der Schreibtisch leer wird oder du ein Rezept fein nachkochst oder du nach dem Unfall mit viel Reha-Maßnahmen wieder beikommst. Du kannst auch Einkünfte erzeugen, mit der Gruppe Deckungsbeiträge reinholen, Kindern das Lesen beibringen oder Zerstrittene im Verein langsam wieder zueinander führen.

Du kannst etwas, das dir Freude macht. Und wenn es Kreuzworträtsellösen ist; wenn du für dich schon Spaß hast, ist das viel. Aber wenn zu mehreren was gelingt, ist das ja noch schöner. Weil des andern Freude ja die deine echot. Es ist wie ein Essen unter Freunden – man genießt das Behagen des anderen noch mal mit. Und im Stadion ist man ja fast Verlängerung der Mannschaft, man leidet und siegt wie die auf dem Feld. Überhaupt ist das ein herrlicher Lehrstoff: Mein Gedeihen hängt am Gedeihen des andern.

Manches Gelingen beraubt auch. Übertrumpfen, ausstechen, in den Schatten stellen, in die Knie zwingen, gnadenlos richten und in den Konkurs treiben – so mancher Erfolg besorgt anderen eine blutige Nase. Der ahnende Erfolgreiche weiß um diese dunkle Seite; weiß, dass unter den Mitspielern einer die krumme Tour wittert; und er erpressbar wird. Darum wird er von einigen Geschäften die Hände lassen. Auch die sich sonnen in der Gunst der Mitmenschen, spüren in ihrem Gewissen, dass sie Aufmerksamkeit wegnehmen und in den Schatten stellen. Vielleicht lernen sie noch die Freude eines andersartigen Gelingens: sich entbehrlich zu machen und Nächste zu fördern.

Es ist wohl so: Wir leben vom Erleben des Gelingens, vom Geld können wir uns nur ernähren. Darum lass auch deine Begabung blühen, vergrab nicht deine Talente, lass Dank dir gefallen, erkenne dich an. Und bleib neugierig. Denn nichts ist von Dauer.

Kränkung verarbeiten

Wir tun uns viel Kränkung an. Dass einem die Vorfahrt genommen wird, mal eben so, ist noch gelinde, weil der Rücksichtslose mich nicht persönlich meinte. Auch warum ich beim Arzt länger sitzen musste als andere, wäre wohl von der Sprechstundenhelferin leicht zu erklären gewesen, wenn ich mich bemerkbar gemacht hätte. Aber wenn ein Freund auf einmal den Argwöhnischen rauskehrt, formal wird, Bedenken vorträgt, statt erst mal mein Stimmungstief überhaupt zu merken, geht es schon näher an die Person.

Herabgesetzt fühle ich mich, wenn einer mich zum Büttel macht. Oder wenn ich mich setzen will, und einer sagt, der Platz sei für jemand anderes vorgesehen. Oder wenn ich meinem Vorgesetzten nach längerer Zeit mal wieder über den Weg laufe, und er freut sich echt, mich zu sehen: »Man hat ja schlimme Dinge über dich gehört, ziemlich krank, und so.« Er hätte doch längst angerufen haben müssen. Oder die Geschwister mahnen bei mir die mangelnde Grabpflege des elterlichen Grabes an, statt selbst Hand anzulegen. Oder es bellt einem die Kindheit lang ins Ohr: Du hättest gar nicht geboren werden sollen.

Oder dem bissig-arroganten Talkmaster wirft man vor, er produziere geradezu Verachtung gegen seine Glaubensgeschwister. Als hätte nicht jeder Mensch das Recht, als er selbst und für sich selbst gesehen zu werden. Und wäre es kein Unrecht, Menschen wegen ihrer Rasse, Religion, Herkunft in Haftung füreinander zu nehmen. Als hätten gerade

Deutsche nicht Millionen Juden ermordet, aus angemaßtem Urteil, sie gehörten zu einer unerwünschten Sorte Mensch. Mit Kränkung setzt man herab, um sich emporzuheben. Die Lust, besser, schöner, klüger, reicher, beliebter zu sein als andere, steckt in uns, sonst wären wir längst ausgestorben. Aber es geht um mehr als ums nackte Du oder Ich. Wir brauchen, was die wissenden Vorfahren hatten, eine Brüderlichkeitsethik aus gemeinsamem Menschsein. Wir brauchen die Begabung mitzufühlen. Gerade nicht sind wir da, um uns voreinander zu hüten, in Acht zu nehmen, Abstand zu wahren. Wir können einander ergänzen, unterstützen, wir können einander fördern. Wir können auch um Verzeihung bitten; und das ist nicht »Einknicken«.

Mancher steckt voll Angst, ist oft enttäuscht worden – er zieht sich zurück und öffnet die Tür nur nach vorherigem Anruf. Ich aber will zugute halten anderen auch meine Ungeduld und Nachlässigkeit. Auch ich brauche viel Übersehen. Und auch ich bin nicht auf der Höhe der Wünsche anderer. Auch ich enttäusche und kränke. Jeder bewegt sich in den Grenzen der eigenen Erlebnisfähigkeit. Darum ist Bescheidbekommen und Bescheidgeben hinnehmbar und hilfreich. Sag dem, der dich kränkte, deinen Schmerz. Aber mäßige deine Worte, gib keinen Anlass zum Bösen, rette aus Zwangslagen, verhöhne nicht. Wir haben unseren Verstand, damit wir aushelfen können.

Vertrauen und Kontrolle

Wir müssen einander vertrauen, sonst werden wir verrückt. Wir könnten nicht mehr Auto fahren, wenn wir dem anderen nicht trauten, dass auch er heil heimkommen will; wir könnten nicht mehr fliegen, wenn wir dem im Cockpit nicht bestes Wollen und Wissen und Können zugestehen. Zu diesem guten Willen gehört die weitestgehende Kontrolle der Technik und die Sorgfalt für alle überschaubaren Abläufe. Unsere Aufmerksamkeit gehört mit zum Schatz, der Sicherheit abwirft.

Auch müssen wir Kontrolle geradezu verlangen, wenn wir fremdes Gut betreuen. Alle Geldsachen brauchen ein zweites Augenpaar, damit man nicht zusetzt oder wegnimmt. Wir sind doch gefährdet, wir alle. Viele setzen zu, allein an Zeit und Kraft, und brauchen dringend Supervision, dass sie sich nicht wegwerfen vor Verausgabung. Und wie leicht übertreten wir das Gebotene und Faire und Abgemachte – aus Gier oder Ungeduld oder Not oder Verrücktheit. Wir brauchen das Wissen, dass wir Rechenschaft geben müssen, irdisch und darüber hinaus. Es ist doch unsere Seele, die wir am meisten schänden, wenn wir schaden. Einiges helfen Radarkontrollen und die ins Haus stehende Betriebsprüfung und die Stichproben des Finanzamtes. Wenn nicht aus Einsicht, so doch aus Vorsicht bleiben wir meistens im Rahmen. Die nächste Nahrungsvergiftung kommt leider bestimmt, der Markt regelt eben nicht alles – wir brauchen mehr Kontrolle, siehe Kinderarbeit und Doping.

Kriminelle Energie muss unter Verschluss bleiben. Und wenn nicht, dann ist es richtig, wenn wir erwischt werden – das weiß jeder, der Böses tut. Ganz tief im Innersten wäre jeder gern gut und hasst sich als Verbrecher. Darum steht den Schuldiggewordenen ihre Strafe zu, damit sie den Rechtsfrieden wiederherstellen und dann neu anfangen können.

Auch Kinder brauchen es, bemerkt zu sein. Sie wollen wahrgenommen werden und ihr Wachstum zeigen. Sie brauchen das Zutrauen, im Rahmen ihres Horizontes verantwortlich zu sein, und dass man bespricht, was Sache ist. Sie verwahrlosen, wenn kein Liebender Notiz nimmt und zur Rede stellt, missbilligt und lobt. Vertrauen unter Freunden und Liebenden ist zwingend. Lieber enttäuscht werden, als spionieren; lieber so lang wie irgend möglich darüber hinwegsehen, als bloßstellen. Frag nur, was du wirklich musst, und verbiete dir, des Nächsten Post oder Handyspeicher zu öffnen. Es ist eine hohe Schule des Großmutes nötig, damit Liebe geschützt wird – am besten, indem du Vertrauen anbietest. Dann verzichtest du auf Macht, willst nur das wissen, was er/sie mit dir teilt, du lässt dem anderen eine Teilmenge Eigenes. Du siehst deine Liebe nicht verringert, wenn du deinem Nächsten sein Geheimes lässt, wenn er es denn hat. Das kannst du, denn dein Lebensvertrauen wurzelt tief. Du bist dir ja geschenkt, bist mit so viel Können ausgestattet, du weißt so viel von der Bedürftigkeit aller – und wer Vertrauen vorschießt, der beschafft Frieden.

Um Verzeihung bitten – stark

Unrecht zugeben fällt schwer. Und dann noch Verzeihung erbitten. Und noch Gutmachung einräumen. Und dann noch wieder miteinander sprechen und sich nicht aus dem Weg gehen. Lieber stellen wir uns dumm, schieben auf, wollen nichts bemerkt haben, Fahrerflucht eben. Und zur Rede gestellt: Ausreden die Fülle. Man wollte nur das Beste. Wir wiegeln ab, als wären die andern blöde, wir täten so gern Recht behalten, auch ohne es zu haben. Zeit soll gewonnen werden, wenigstens Aufschub, vielleicht tut sich ein Wunder auf, ein gnädiges Vergessen vielleicht. Vielleicht kommt man noch einmal davon, nur nicht ein klares Eingestehen, lieber noch taktieren und falsche Fährten legen, Nebelkerzen werfen, andere Kampfplätze eröffnen, an die Sünden des Gegenübers erinnern. Und »die und die haben ja auch«. Heute noch empört tun, heute noch weit von sich weisen, zur Not ein Ehrenwort, um nur eben noch den Hals aus der Schlinge zu kriegen. Wenigstens jetzt, morgen kann ja Abbitte geleistet werden, wenn alle Dämme brechen.

Aber es hat keinen Zweck, es wird nur schlimmer, die Verhältnisse verhärten sich. Lieber tu was Kühnes: Tritt frei vor den Beleidigten hin und sag es so ähnlich: »Ich bitte um Verzeihung, es wird nicht wieder geschehen; Ich bereue mein Versagen.« – Und lass es drauf ankommen, was dann passiert; halt es aus, nicht Herr der Lage zu sein. Du hast das Deine getan.

Vielleicht denkt er daran, wir werden alle schuldig und brauchen Vergebung. Vielleicht ist er froh, nicht der Bittende sein zu müssen, und das stimmt ihn gnädig, vielleicht fällt ihm sein eigener Anteil mit ein. – Liebende leben von der Vergebung, sagt man. Wenn das schon bei sehr Nahen so ist, wie viel Vergebung brauchen wir dann im Verkehr oder unter Kollegen – wie schnell ist man zu weit gegangen oder hat's nicht so genau genommen.

Die Wirklichkeit hält eine Menge aus, im Ganzen ist unser Zusammenleben fehlerfreundlich, meist kommen wir aneinander vorbei ohne größeres Unheil. Um so wichtiger ist die Bitte um Verzeihung, wenn's mal wirklich ans Innere ging. Und da sollten wir es wirklich genau nehmen: Nicht: »Ich entschuldige mich«, sondern: »Ich bedaure mein Versagen, meine Voreiligkeit, mein Geschwätz, meine Fahrlässigkeit, meine üble Nachrede« – was auch immer; »Ich war nicht bei Trost, ich war fies, unfair, rücksichtslos.« Wenn's ganz schlimm war: »Ich war verblendet« oder: »Mich hat der Teufel geritten. Es ist mir herzlich Leid, es tut mir weh, Ihnen dies Unrecht angetan zu haben. Bitte, verzeihen Sie mir.« Oder »Ich bitte Sie um Entschuldigung.« Wichtig, dass wir unsere Schuld nicht verdecken. Dann kann der Andere uns entschulden, wenn er die Kraft hat, kann uns vergeben und die Hand reichen und seinen Großmut gelingen sehen. Es ehrt ihn, Versöhnung auf den Weg zu bringen.

Das Um-Verzeihung-Bitten ist ein rares Gut, weil Scham nur unter Schmerzen befreit. Dem Ja oder Nein des Andern uns auszuliefern braucht Mut. Aber als einer mal dich um Verzeihung bat, nicht obenhin, sondern wahrhaftig, da konntest du auch sagen: Nun gut, auf ein Neues.

Sympathie, der köstliche Stoff

Es ist ein Geheimnis, warum wir den einen mögen und den andern unsympathisch finden. Zuneigung und Abneigung entstehen nicht willentlich. Darum sind sie auch nicht verwerflich. Hauptsache, man hält ihnen Verfallszeit zugute, und weiß, gerade sie haben ihre Zeit und sie gehen vorüber. Machen wir kein Prinzip daraus. Die Stimmung kann sich wenden, eine beistehende oder abfällige Bemerkung, schon kann sich neue Neigung bilden.

Die gleiche Wellenlänge, ähnlicher Humor, gemeinsame Begeisterung, einvernehmliches Tun zusammen, das hebt zueinander. Schon ein helles Lachen kann neugierig machen, man ist auf den Menschen gespannt, das schafft schon ein Gefälle zum Positiven. Man spürt sich geistesverwandt oder mag sich sogar gut riechen. Aber mit des Fühlens Mächten ist kein ewiger Bund zu flechten. So fröhlich-festlich der Abend auch gewesen sein mag – sieht man sich am nächsten Morgen, kann man zufrieden sein, wenn freundliches Auskommen gelingt.

Manche Berufe sind sehr abhängig von Sympathie, diesem flüchtigen Stoff. Wem es in der Gastronomie nicht von Natur aus leicht fällt, nett zu sein auch zu den Schwierigen, bei dem bleibt wenig hängen. Aber überhaupt sollten wir wenigstens höflich einander begegnen, wie auf Kreuzfahrten, wo das Behagen aller von der Rücksicht aller abhängt. Dass gleich und gleich sich gern gesellt, hilft, sich zwanglos zu gruppieren – Hundestrand, Drachenflugstrand, Kinderstrand, FKK. Um Hobbys zentrierte Reisen helfen der Sympathie auf.

Manches schlechte Gefühl ist Übertragung. Ein mieser Verwandter, ein gehässiger Nachbar hat ein Schreckenbild in unser Kindergedächtnis geätzt – unbewusst messen wir alle Fremden daran. Zu den selbsterworbenen Mustern guter oder schlechter Menschen kommt das Erfahrungs-Reservoir der Menschheit hinzu. Wir haben Bilder vom guten Hirten und vom Hochstapler in uns. Und Heiratsschwindelnde haben immer Konjunktur: Der sanft-väterlichen Ausstrahlung verfällt so manche Frau, der hilfesuchenden Kindfrau so mancher Mann.

Gut, dass wir ein Stück weit Vernunft walten lassen können. Auch wenn man sich privat nicht einladen würde, gibt es doch eine neutrale Ebene. Wir haben alle was, das gleich ist; Passanten wollen aneinander vorbei, der Sachzwang lässt sie aufeinander achten. Und das gemeinsame Interesse, Geld zu verdienen, baut Brücken. Darum gelingt überhaupt Geschäft und Arbeit, weil wir von unseren Neigungen absehen können, nicht zuschlagen oder bedrängen müssen, sondern ein Polster aus Rücksicht zwischen uns bringen können.

Schön, miteinander zu können, ohne es zu müssen; gut, bei schlechter Schwingung Abstand zu wahren. Aber es kostet Kraft, die Erwartung des andern bewusst nicht zu erfüllen. Wir sollten unser Nichtmögen entschärfen. Wir haben ja zum Glück Sprache, so können wir Enttäuschung aussprechen und Härte rausnehmen.

Sehnsucht nach Bedeutung – Esoterik

Man muss viel glauben, wenn man nicht an Gott glaubt. Wer nicht dem Geist traut, sieht die Geister tanzen. Wer nicht an den Schöpfer glaubt, muss wohl, will er nicht die Welt als Unsinn denken, die Natur vergotten. Dann sind die Externsteine nicht urig geformter Kalksandstein, sondern Heil-Ort, Quellen sind Wesen und Bäume reden; Aromen retten, Sterne sind Freund oder Feind. Wir sehnen uns nach hoher Bedeutung. Das macht Religion aus: Sie adoptiert Menschen als Kinder Gottes. Aber die Suche nach Pfändern von Liebe und Bedeutung ist unstillbar.

Früher ritzte man ins Brot das Kreuz als Zeichen für die Gottesgabe. Heute muss man's selbst drüber schlagen, sonst bleibts einem eben nur Kohlehydrat. Früher war Brot eine Gabe, heute ist es Ware. Die Vernünftigkeit des Wirklichen ist ausgedörrt, verzweckt, geldwert. Wen erstaunt es, dass wir die Waren wieder aufladen mit Weihe. In Dresden wird dem Autokult gerade ein Tempel gebaut. Das neue VW-Produkt Bugatti wird nicht einfach mehr ausgeliefert, sondern wird als Gnadengabe dargereicht.

Die Christen mag das Vertrauen stärken: Von guten Mächten wunderbar geborgen! Im Übrigen sollen sie gerechtere Verhältnisse besorgen. Den Jüngerinnen und Jüngern der Esoterik aber ist dieses Kirchenwissen zu banal, sind die Gemeinden zu bieder, ist die Bibel zu langwierig. Sie wollen durch Wissen von Geheimem in Sinn eingeweiht werden, wollen sich Glück erwerben durch Befolgen eines schwierigen Weges, wollen auserwählt sein durch die Gefolgschaft Auserwählter.

Es gibt viele Gründe, traurig zu sein; vor allem der Grund, nicht zu wissen, warum man hier ist auf dieser schönen, armen Erde. Wessen Seele flattert, der kann leicht zu Geistheilerei neigen, oder er versucht es mit Pendelschwingen oder Tarot. Wer das Verschlossensein der Zukunft nicht aushält, kann darauf verfallen, sich mittels Astrologie oder Handlesen oder Wahrsagerei oder Mondkalender einen Schein von Sicherheit zu besorgen. Auch Ufologie gibt's, Schamanismus, auch Satanismus für die harten Typen, Urin-Trinken, Engellehre und Tibetanismus.

Einige esoterische Praktiken mögen Menschen zur Ruhe bringen. Von anderen mag gelten: Nützt es nicht, so schadet's nicht, ist nur teuer. So wird die schöne Begabung, einander von der Haut bis in die Seele streicheln zu können, in Reiki angereichert mit östlichen Gedanken zu teurer Energieübertragung. Reicht nicht für die Lust an Magie die Suche nach vierblättrigem Klee? Manches Okkulte ist nur Hohn auf Hoffnung. Das meiste esoterische Wissen ist Haschen nach Wind mit Anklängen von Weisheit. Und ist Frage an Kirche, wo sie denn ihre Schätze vergraben hat.

Steine sammeln, Steine zerstreuen

Die Bibel hat auch einen Prediger, den des König Salomos, wahrscheinlich eine Kunstfigur, um der Sammlung aufgeklärter Gedanken einen renommierten Namen mitzugeben. Bekannt ist der Text: »Alles hat seine Zeit und alles Vornehmen unter dem Himmel hat seine Stunde: Geboren werden und sterben, pflanzen und ernten, töten und heilen, brechen und bauen, weinen und lachen, klagen und tanzen, Steine sammeln und Steine zerstreuen, herzen und ferne sein von Herzen, zerreißen und zunähen und, und... hat seine Zeit.«

Das Normale kommt und geht, Ebbe und Flut, Mangel und Fülle, Einatmen und Ausatmen ist das Leben; wie heißt es im Film »Die drei Musketiere«: »Man kann nicht leben, bis alle Flaschen leer sind.« Wir werden groß und wieder klein. Wir haben gesammelt und es wird wieder zerstreut.

Eine besondere Übung für Sammeln und Zerstreuen, für Einnehmen und Ausgeben ist der Gang am Flutsaum längs. Gern begutachten wir, was das Meer an Land spuckte. Muscheln, Steine, stumpf geschmirgelte Glasscherben – besonders schön die blauen Scherben – ob sie noch von den früheren Nivea-Ölflaschen stammen? Aber auch Seesterne und Krebse, besondere Hölzer, und natürlich wacht das Auge, ob es Bernstein findet oder gar eine Flaschenpost.

Spätestens zur Heimreise muss sortiert werden, was des Aufhebens wert scheint. Eigenartig: Schon einen Tag später haben die meisten Funde an Glanz verloren. Nässe ließ Steine funkeln und Muscheln schillern, auch die Hölzer, getrocknet, sind verloschen. Und die Situation des Findens ist schon vergessen, die doch den Fund mit Wichtigkeit auflud. So küren wir dann einige Handschmeichler als Sammlerstücke, einige bizarre Muscheln, ein, zwei Scherben. Zuhause legen wir sie zu den Funden der vergangenen Jahre, Jahrzehnte. So vermehren wir auch unseren Besitz und die Menge, die wieder mal verstreut, verzettelt, verteilt, entsorgt werden muss.

Einige Zeitgenossen sammeln, was sie finden. Sie stapeln und schichten, sie heben auf und lassen nicht los. Irgendwann sind sie eingemüllt bis obenhin und kommen nicht mehr aus ihrer Wohnung raus. Es gibt aber auch Menschen, die leben mit leichtem Gepäck – die junge Floristin, die nach Israel aufbricht und all ihre Habe auf eine Rucksackfüllung reduziert, aber auch Menschen im Kloster, denen ohne Besitz doch genug zur Verfügung steht.

Brauchen wir, was unsere Schränke und Zimmer füllt? Eine Gier zu haben, lässt uns halten und behalten – Bücher, Werkzeug, Schuhe, Kleidung, Weine, Liebesbriefe, Fotos, Geschäftspapiere, schöne Dinge. Wenn Erinnerung an den Dingen haftet, sollen sie bei uns bleiben, um uns dankbar zu stimmen in vergesslicher Zeit. Wenn sie aber nur zu Stehrumchen, zu Zeug geworden sind, sollten wir sie einem guten Zwecke zuführen. Mal den Arbeitsplatz sauber hinterlassen wäre nett.

Tu was
für deinen Körper

Gesundheit ist nicht alles – es kommt drauf an, was man mit ihr macht. Mit Krankheit ist nicht alles nichts; es kommt drauf an, wie viel Spielraum bleibt, man selbst zu sein. Aber es ist schon gut, dass wir vorbeugen und unseren Körper in Form halten. Und unseren Geist dazu. Was nützt der schönste Körper, wenn obendrauf ein leerer Kopf ist. Dann lieber ein Philosoph mit Buckel und dünnen Beinen.

Aber Körper lassen sich leichter trainieren als der Geist. Vor allem sieht man dem Körper Wohlergehen an auf dem ersten Blick, während zum Bemerken von Geist ja immer zwei gehören. Vielleicht liegen Fitness und Wellness darum so im Trend, weil sie uns als effektive Macher ausweisen. Während ja die Überschwänglichen, die mit viel Körper einhergehen und Sport für Zeitverschwendung halten, mit leichter Missbilligung leben müssen. Schön, wenn sie lächelnd darüber hinwegsehen könnten. Sie können es wohl, wenn sie gern sie selbst sind, genau so, wie sie sind.

Zum Selbstbestimmungsrecht gehört, dass jeder das Recht auf Glück hat nach seinem Geschmack und bis zum Zaun des Nachbarn. Jeder darf seine Freude fördern, wie er will, wenn er nicht mit den Gesetzen im Konflikt gerät und möglichst nicht anderen Kosten bereitet. Schönseinwollen ist eins der unschädlichsten Begehren überhaupt, ein schmucker Körper ist sogar eine Zierde, also ein soziales Plus.

Die Arbeit, die ein ansehnlicher Körper macht, kann man nicht anderen überlassen. Man muss selbst die Gewichte stemmen und die Pfunde abhungern – die lassen sich nicht abwälzen. Man kann den Menschen nur zu ihrer Willensstärke gratulieren, die nach Jahren üppigen Speisens auf einmal mit der Hälfte genug haben oder die das Rauchen einstellen. Auch die Jogger und Kletterer, die Walker und Tänzer, die eisern ihre Stunde täglich auf Trab sind, bewundere ich. Aber die rigorose Diät, die Wasserkuren, die schindende Massage scheint mir bedrückend, wie die Geißler, die sich stundenlang kasteiten mit Schlägen auf den blutigen Rücken. Damals wollten sie büßen, wollten die Sünde der Welt abtragen, wollten ihr Seelenheil im Himmel sicherstellen. Was reitet die heutigen Gesundheitsfanatiker? Sie schinden sich auch für eine bessere Zukunft. Sie scheinen auch religiös getrieben – nur dass sie Gesundheit für ihr Ein und Alles halten und ihre Diätplan-Übertretungen für Sünde. Die Gesundheitswelle geht ja Hand in Hand mit einem Machbarkeitswahn in der Medizin. Müssen wir das Leben bis zum Letzten auspressen? Können wir nicht mal das Leben segnen und hinübergehen, ohne Apparate, die den dünnen Faden noch immer weiterziehen? Der Tod ist doch keine Schmach, darum auch ist Altern keine Schande. Was müssen wir Falten glattzementieren und Runzeln abhobeln? Gut ist es, Schmerzen zu lindern, kaputte Hüften sind nicht mehr Schicksal, Leben soll keine Strafe sein. Darum auch: Lasst uns ordentlich auf uns achten, lasst uns noch ein bisschen uns schön machen, aber nicht verrückt.

Freiheit, Bindung, Werte

Heute ist viel Freiheit, wenig Bindung, und die Werte schwimmen. Man lässt dem andern seine Privatsphäre, auch an Kinderzimmern klopft man irgendwann an. Nur Menschen von öffentlichem Interesse, beobachtet man bis unter die Haut.

Ob mehr Unrecht getan wird als früher? Es gibt immer mehr Gesetze, die Netze werden dünnmaschiger. Werden wir bessere Menschen damit? Es gibt mehr zu verteilen, aber das heißt nicht, dass wir gerechter teilen. Über zu vielen Familiengeheimnissen liegt Schweigen, viele Totenscheine werden auf den ersten Eindruck hin ausgestellt, viele Abrechnungen schlagen auf. Viel Unrecht wird nicht benannt, nicht bestraft. Und doch: Es ist viel Nächstenliebe unter uns. Wir rufen per Handy garantiert Hilfe herbei, Menschen spenden Blut, Münzen fallen in ausgestreckte Hände. In der Firma wird ohne viel Worte vertreten, Stiftungen blühen. Frühere Generationen lernten die Zehn Gebote noch mit Luthers Erklärungen und Schillers Glocke, mit viel Wissen, was sich gehöre. Heute leider nicht mehr. Aber seit 50, 60 Jahren ist kein Krieg bei uns mehr los, das ist an moralisch Gutem überhaupt nicht auszuschöpfen. Natürlich gehen heute Ehen schneller in die Brüche. Aber es gibt mehr Verlässlichkeit ohne Brief und Siegel, nie durfte so angstfrei geliebt werden, auch das ist in seiner Wertfülle nicht groß genug zu schätzen. Und die jungen Leute schwärmen für Treue, Verständnis, Gespräch, fühlen sich lange ihrer Herkunftsfamilie zugehörig, wollen selbst mal Familie gründen. Sie haben Lust, beruflich vorwärts zu kommen. Sie wollen nützen und was davon abbekommen. Sind wir nicht ethisch besser dran als je?

Was gab es ein, zwei Generationen vorher noch für ein Schwadronieren von der angeblichen deutschen Herrenrasse. Und wie ist das alles vorbei, bis auf einige Unsinnige, die mit irgendwas hervorstechen wollen. Es ist doch nahezu allen klar, dass es keinerlei biologische Rechtfertigung gibt für rechtliche, politische, soziale Unterschiede bei Mann, Frau, Schwarz, Weiß, Hetero, Homo, den Rassen. Wir dürfen in Freiheit Freude haben, wenn wir keinem damit weh tun. Man sehe den grandiosen Clinton, gedemütigt für eine reine Privatsache, die ans Licht der Öffentlichkeit zu zerren das eigentlich Perverse war; und er bereute, gelogen zu haben, obwohl er so nie hätte befragt werden dürfen; er stand aufrecht und wurde geliebt und hat die Heuchelei demaskiert und die bisher freieste und solidarischste USA gebaut.

Selbst wer Frömmigkeit für menschlich unverzichtbar hält, muss nicht verzagen, auch wenn das offizielle Kirchentum blass ist. Der große schwedische Betreiber des Zusammenhalts der nicht-römischen Kirchen, Natan Söderblom, sagte: »Fromm ist, für den es etwas Heiliges gibt.« Es gibt viel Ehrfurcht gegen Kinder, Schönes, die Liebesumarmung, Bäume, Mozarts Musik, Gartenarbeit und den Nächsten, der dich bittet, und gegen den anonymen Gott. Wir selbst müssen die Lösung herausbekommen, die er uns aufgibt. Das weiß auch, wer nicht an ihn glaubt.

Wage das offene Wort

Wer fasst die heißen Eisen an? Der Kollege hat die Terminverschiebung mit dir wieder nicht abgesprochen, die Chefin könnte beim Kaffeebestellen ruhig »bitte« sagen. Die Schwiegertochter lässt ihren Mann niemals allein zu seinen Eltern. Auf des Doktors gelbe Raucherfinger tät' man gern verzichten. Der Kollege steht rücksichtslos auf Knoblauch. Zwei Zimmer im Urlaub, dünne Tür, einer will fernsehen, der andere lieber lesen; welche Lautstärke passt beiden? Zwischen Eltern und Kindern gibt es irgendwann noch Druck. Bei Hierarchiegefälle kann der Obere lauter werden. Den Doktor kann man wechseln, wenn er einen nervt. Aber wer legt sich gern mit dem Nächsten an? Sein Hund bellt viele Male am Tag, oder die Fahrräder der Kinder stehen ziemlich sperrig im Hausflur. Wird wirklich viel geschluckt? Doch, viele wollen keinen Streit, wollen sich nicht anlegen, fühlen sich unterlegen oder sind einfach höflich. Auch könnte man das Gegenüber reizen und das dreht dann erst recht auf. Gerade die Beziehungen in der erweiterten Familie sind leicht zerbrechlich. Ein böses Wort bleibt lange giftig.

Andererseits: Prozesse ohne Ende um Laub von den Bäumen, um Reparaturen auf Kosten des Hauswirtes oder Regressforderungen. Der Trieb, Recht zu haben, ist stark. Viele haben eine Rechtsschutzversicherung – da gibt so mancher ohne viel Federlesen einen Schriftsatz in Auftrag. Dabei ist nahezu jeder Prozess teurer als kein Prozess.

Wenn man es nicht mehr aushalten kann, dann kann es auch eine Rechtssache werden. Aber vorher rede, bitte um ein Gespräch, schreibe defensiv, aber klar. Schlag vor, dass man mit einer neutralen Person gemeinsam berät. Such einen, dem du vertraust und frag nach deinem blinden Fleck in dieser Angelegenheit. Warum kocht dein Gegenüber in dir einen großen Zorn hoch? Während andere, die Ähnliches mit ihm erleben, eine Handbewegung des Vergessens machen. Sicher sind wir verschieden. Einer will lieber Streit, der auch zum Gezänk werden kann. Der andere will seine Ruhe, auch wenn sie nicht komfortabel ist. Dabei ist Auseinandersetzung lebensfördernd. Wer ohne Amt, Bonus und Verbündete einen wegen eines vermeintlichen Fehlers sachlich zur Rede stellt, der tut mehr für die Menschenwürde als der stille Dulder und Nichthinfühler. Wer immer nur entschuldigt oder unter den Teppich kehrt, wer immer »gutschi, gutschi« macht, der wird letztlich Komplize. Wir achteten die Lehrer, die klar sagten, was Sache ist, und mieses Verhalten offen ansprachen. Der Unterschied ist nur: Wer hat mich zum Erzieher meines Kollegen, meiner Schwiegertochter bestimmt? Gute Beziehungen sind kostbar und ein heißes Pflaster. Aber den Freundschaftsdienst des offenen Wortes sollten wir mehr bringen und verlangen.

Das Böse mit Gutem überwinden

Dem foulenden Stürmer widerstehen, die Wut, den Schmerz in zielgenaue Abwehr übersetzen, das wär's. Und wenn Scheidung ansteht, dem Meist-Verletzten äußerste Großzügigkeit zukommen lassen. Wenn man selbst zu neuen Ufern aufbricht – aus Dankbarkeit für eine neue Liebe die alte Liebe größtmöglich ehren, lieber nackt vom Hof reiten, als einen Euro zuviel mitnehmen. Auch meinem Unrecht mich endlich stellen, endlich mir Einhalt gebieten bei der krummen Tour – und offenlegen statt vertuschen. Irgendwann muss man klar Schiff machen. Den Unfrieden in sich hält keiner aus, es sei denn, er werde ein Zombie.

Und wenn du den Wohlstand der Familie nur sichern kannst durch Betrug – dann schau dir in die Augen und sag: So willst du es nicht mehr; gestehe, dass du nicht mehr kannst, auch wenn sie aus allen Wolken fallen. Nach einer Schreckensfrist werden neue Kräfte sich auftun, und es gibt anders ein Weiter.

Das Entsetzen muss mich doch irgendwann erreichen. Ich kann nicht immer weiter und systematisch das Böse in der Welt vermehren. Das Leben hält zwar eine ganze Menge Beschädigungen aus, die Wirklichkeit ist fehlerfreundlich, wir verzeihen einander eine Menge, wenn es im Ganzen gut läuft. Aber wenn ich andauernd auf die Dummheit der Menschen setze, gezielt in Angst jage, immer raffinierter betrüge, dann geht auf einmal nichts mehr. Das Böse fällt auf mich zurück. Ich muss bezahlen. Auch lässt sich's keiner gefallen, dauernd getreten zu werden, einmal kommt die Explosion.

Darum gut, das Böse mit Gutem zu überwinden, persönlich und überhaupt. Noch hast du bei äußerster Disziplin ab sofort die Chance, selbst zu entscheiden, was wird. Noch kannst du, statt ungebremst an die Wand zu knallen, die Wendung zum Besseren finden. Noch hast du ein Stück Lauterkeit in dir, eine Ahnung von Recht und Fairness, noch kannst du das Elend wenden durch Gestehen und Anbieten von Wiedergutmachung. Noch kannst du loskommen von deinen Verwertungsansprüchen, kannst die Delle in deinem Selbstbild annehmen, kannst den nötigen Schritt zurück tun, um Entschuldigung bitten, die Drohung lassen, die Rachgier verdünnen. Du hast eine Heilkraft in dir, den Drang, dich zu rechtfertigen. Daran spürst du, es schaut dir Einer zu, du hast einen Zeugen, einer weiß um dich. Du siehst dich vor einem höheren Gericht stehen und willst freigesprochen werden. Daran wird dir doch klar, dass du einstehen musst für dich. Darum lass jetzt ab vom Bösen, du kannst es dir letztlich nicht schönreden; im Innersten weißt du, was mit dir los ist.

Ob wir mit Gutem das Böse in Schach halten, es gar überwinden? Jedenfalls willst du doch nicht schuld sein, dass es schlimmer wird. Du willst doch helfen statt zu vernichten. Also strengen wir uns an. »Was ist gut? Keinen verderben lassen, auch nicht sich selber. Jeden mit Glück erfüllen, auch sich, das ist gut« (Bert Brecht).

Schicksal und Arbeit

Das ist eine zwanghafte Vorstellung: Jeder hätte ein vorgesehenes Schicksal zu erfüllen, jeder habe ein festes Maß an Glück und eines voll Unglück auszutrinken. Genauso bedrängend schiene doch, es wäre alles nur blinder Zufall. Die Wahrheit liegt irgendwo dazwischen. Ich sehe viele Fügungen in meinem Leben und halte doch den neuen Tag für freies Feld. Ich glaube an Behütung und habe doch den Auftrag, vorsichtig zu fahren. »Bete – aber fahre fort, ans andere Ufer zu rudern!« kann die Richtung angeben. Also Fügung und Einsicht, Glück und notwendige Taten – beides macht unser Leben aus.
Überleg doch, wie du deine geliebten Menschen gefunden hast. Die Fete, zu der ihr jeweils mitgenommen wurdet, oder das Stehen hintereinander in der Schlange am Last-Minute-Schalter, weil dein Zug Verspätung hatte. Oder der Zug war weg, aber der nächste kam, und im ersten Wagen, erstes Abteil, war der Platz ihr gegenüber frei, und ihr kamt ins Gespräch, das jetzt schon 20 Jahre währt. Der Hinweg zur Liebe, jedenfalls der erste Schritt, sieht so zufällig aus, und doch sieht jede Liebe sich zueinander hingeleitet, glaubt sich von höherer Hand erwählt und anvertraut.

Und als die Kinder Steine von der Brücke warfen, trafen sie nicht dein Auto, sondern das hinter dir. Und die Unglücks-Concorde stürzte ab, weil ein Eisenteil vom Rad hochgeschleudert wurde in Richtung Kerosintank. Das Attentat auf Hitler misslang, die Attentate auf Martin Luther

King und Kennedy trafen. Sollte es so sein? Ich kann nicht glauben, dass Gott die Steine und Projektile steuert.

Es gibt eine erleuchtende Geschichte von Jesus: Es saß ein Blinder am Wege. Und die Jünger fingen an zu diskutieren: »Hat wohl der Blinde gesündigt oder seine Eltern?« Einig waren sie sich, dass Leid eine Strafe sei, fraglich nur, wer denn gesündigt habe. Aber Jesus sagt: »Er ist blind nicht wegen Sünde, sondern für Rettung«. Und er heilte ihn. Damit ist jedem Fatalismus-Glaube der Kampf angesagt. Nichts ist Schicksal, nichts eisern und damit basta. Sondern alles ist auf dem Weg, ist auf dem Weg der Besserung. Alles ist wendbar, keiner ist, wie er ist, sondern jeder ist im Werden. Genesung kann gelingen. Auch können wir uns bessern. Keiner ist wegzuschließen für immer. »Tut Buße, damit komme die Zeit der Erquickung«, heißt es im Buch der Bücher.

Ich sehe es so: Gott ist immer nur am Retten, Schützen, Nähren, Schaffen. Doch manchmal kommt Hilfe zu spät, auch ist Bosheit stark, und um den Tod kommt keiner drumrum. Wir müssen uns hier mühen, und doch ist alles Geschenk; wir müssen auch leiden, und doch ist unendlich mehr, was gelingt. Vieles ist zum Heulen, aber unendlich mehr ist zum Freuen. Wir können das Glück mehren und mit Füßen treten. Aber durch dich, soweit es an dir liegt, mehr Gutes als Schlechtes, das ist deine Verantwortung. Den Rest überlass der Zukunft. Gott weiß.

Auf dem richtigen Weg

Der Weg ist eines der wichtigen Symbole der Menschheit. Ohne Weg und Steg sein ist verzweifelnd, der Ausweg ist rettend, auf dem Holzweg sein ist eine Pleite. Unzählbar viele Menschen haben Pfade begangen und befahren, bis sie endlich zur Straßen herausgearbeitet waren. Die Alpenpässe sind ausgetreten von Millionen auf Völkerwanderung, die Furten wurden gefunden nach langen Irrwegen. Alle Wege sind gesammelte Erfahrungen, sie sind unter Mühen und Schmerzen erfahren, die Geröllpisten, die Kopfsteinpflasteralleen, die Routen über die Meere, die Autobahnen. Immer schneller kommen wir von A nach B. Aber die Frage bleibt: Lohnt der Weg?

Nie waren mehr Menschen auf dem Weg. Zur Arbeit, von der Arbeit nach Hause, auf Reisen, um endlich woanders zu sein oder Transporte hin- und herzubringen. Millionen Menschen sind auf der Flucht, auf der Suche nach Bleibenkönnen, getreu den Bremer Stadtmusikanten, die loszogen mit dem schwachen Trost: »Was Besseres als den Tod finden wir überall.« Und Menschen stromern, flanieren, lassen sich treiben, pilgern unter Mühen zu heiligen Zielen, wollen Erleuchtung oder einen Bußgang tun. Zu Festen und Einführungen in Ämter gibt es feierliche Einzüge, zu Trauungen wird der Hochzeitsmarsch gewünscht, er macht soviel Mut. Und bei Beerdigungen zieht man dem Sarg hinterher in langer Reihe zum Grab. Kommt in den USA ein Präsident zu Grabe, wird im Leichenzug ein Pferd mitgeführt, gesattelt und mit schleifendem Säbel, zum Zeichen, dass die letzte Schlacht geschlagen ist.

Der letzte Gang ist nur ein Schritt auf dem Lebensweg. Ob sich mein / dein Leben, wenn es sich zum Ende hinfädelt, mal zum Weg geformt hat? Wir sind »on the road« – auf der Suche nach Liebe und Wirkung und Gebrauchtwerden. Gnade ist es, wenn es geht, das Zurechtkommen, und das Einkommen reicht und das Auskommen mit den Nächsten bekömmlich ist. Und ein Anwachs von so etwas wie Weisheit sich einstellt, also Wissen, was das Wirkliche wiegt und wie der Weg zum anderen geht. Die Größten sind nur die größeren Wegkundigen (Ludwig Hohl). Wir sind auf dem Weg und brauchen Gefährten, die die Gefahr teilen, und andere, die in Gedanken uns begleiten.

Wir sind lange nicht fertig. »Das ganze Leben«, sagt Martin Luther, »ist nicht eine Frommheit, sondern ein Frommwerden, nicht eine Gesundheit, sondern ein Gesundwerden, nicht ein Wesen, sondern ein Werden. Wir sind's noch nicht, wir werden's aber.«

Darum Power dir für Aufbruch und Reise, die längst anstehen. Mut für Entscheidungen und Lust, verlässlich zu werden. Und Holzwege lerne neu schätzen. Sie führen zwar nirgendwohin, aber sind Stichwege ins Holz, Sackgassen mit Beute. Werde erfahren. Wir auf dem Weg sollten entgegenkommend sein.

Aufmerksamkeit ist ein knappes Gut

»Was nützt der schönste Sonnenaufgang, wenn wir nicht aufstehen?« fragte schon Lichtenberg; das Kostbarste ist die Aufmerksamkeit, heute erst recht. Niemals war es so wichtig, bemerkt zu werden und gut anzukommen. Gerade die Jungen wähnen sich ungeheuer in Druck. Wenn man nicht auffällt, ist man unten durch – megaout, verloren, wie nicht vorhanden. Zu Hause nicht wahrgenommen zu werden ist ein Alptraum, wenn die Meinung da nichts zählt, schon schlimm. Aber draußen wäre es tödlich.

Früher hat es langes Geplänkel gebraucht, bis man sich einig war, miteinander was zu haben. Da war der Ruf wichtig, die Familie, die Clique. Standesbarrieren mussten mühsam überwunden werden. Zeichen der Zuneigung wurden hin- und hergeschickt, Liebesbriefe geschrieben über lange Strecken. Aufmerksamkeit für einander wuchs in Zeiträumen. Es gab Fristen, Riten, Verlobungszeit. Unter einem Jahr lief gar nichts.

Und heute reißt es die Leut' zueinander, oder es ist eben wieder nichts. Jetzt, jetzt – eine andere Zeit scheint's nicht zu geben, jedenfalls nicht für Singles. Das Leben scheint ein Laufsteg, mit kurzen Auszeiten nur, und die sind verlorene Zeit, weil keiner hinschaut, keiner anruft. Immer erreichbar sein, immer auf Sendung, immer einen Auftritt haben, das ist ein Logo der Moderne. Kein Wunder, dass Menschen sich drängen, für hundert Tage und Nächte sich begaffen und belauschen zu lassen. Sollen sie sich an mir weiden, sagen sich die Teilnehmer; Hauptsache, man wird prominent. Aufmerksamkeit ist ein knappes Gut. Man muss sie auf sich ziehen, sonst bleibt man graue Maus. »Zeig dich«, ist erster Auftrag. Wirke fit, clever, cool, hip – nur ja nicht wie gehabt. Hilf nach mit Make-up, Tatoos, Piercing, Brillis im Ohr oder Zahnschmuck von Diamanten. Trag die Kleidung, die dich darbietet. Und führe die richtigen Gesprächsbrocken ins Gefecht, das gerade angesagte Vokabular, na ja.

Kunst am Körper und wache Sprüche dienen der Selbsterschaffung, ständig muss man begehrt, gefragt, verplant sein, muss täglich sich neu erfinden. Aber diese Gefühlshetze ist den eigenen wahren Wünschen völlig entgegen. Man will den richtigen Menschen – den mit Sanftmut und Verstehenwollen, mit Vernunft und Augenmaß, fröhlich und gut geerdet. Auch der für eine Verabredung, muss so vielversprechend sein, dass er bleiben könnte. Eigentlich ist die grelle Verpackung als Spiel gemeint, okay, aber nimmt man die Maske für wahr, wird's zur Falle. Man will ja nicht den heißen Typen, die dolle Aufreißerin. Du willst den echten Menschen, nicht die Show.

Arbeitslose sind's nicht gerne

Hätten wir genug offene Stellen, aber nicht genug Arbeitsfreudige, dann könnte man arbeitswilliger machen durch Kürzung der Stütze. Aber so lange auf eine offene Stelle vielfach mehr Arbeitslose kommen, bestraft Kürzung die schon Gebeutelten nur noch mehr. Gern würden neun von zehn wieder arbeiten. Aber wir alle sind nicht bereit, Arbeit abzutreten – siehe die Menge der Überstunden. Wir zögern, Dienstleistungen uns gefallen zu lassen (einpacken an der Kasse), wir sind nicht phantasievoll genug für Jobsharing; wir fürchten, entbehrlich zu werden und nehmen kein Sabbatjahr; wir haben Angst, ohne die Peitsche der Pflicht umzufallen. Und wir ehren die ehrenamtlich getane Arbeit nicht – die Hauptamtlichen argwöhnen, ihnen werde Arbeit weggenommen; herrisch bewachen wir unsere Privilegien, das bezahlte Telefon, die Dienstkilometer – wie lange warten Ehrenamtliche auf ausgemachte Honorare.

Wer arbeitslos ist, ist längst nicht ohne Arbeit. Die ohne bezahlte Arbeit tun oft ganz viel, allein die Hausarbeit, als Beruf gelebt, kommt teuer zu stehen. Auch die häusliche Pflege ist mit dem Pflegegeld nur zu einem kleinen Teil bezahlt – das merkt man doch an dem Abstand zwischen Pflegegeld und den Kosten für einen Altersheimplatz.

Ein Skandal ist die hohe Arbeitslosigkeit bei Jugendlichen. Ihnen den Umzug schmackhaft zu machen in Gegenden mit mehr Arbeit ist nötig. Nötig ist auch, ihnen die Lust zu fördern, erwachsen zu werden durch Lassen von

Mamas Rockzipfel. Überhaupt muss Kindern schon früh beigestanden werden, dass sie ihre Begabungen leben können. Eltern müssen unterstützt werden durch Kindergärten. Nichts erzieht so gut wie Kinder sich untereinander bei kluger Anleitung. Wir brauchen den kostenlosen Kindergartenplatz für alle Kinder. Hier werden ihnen soziale und sprachliche Fähigkeiten liebevoll beigebracht und damit der Weg ins eigenverantwortliche Erwachsenenleben geebnet.

Das Kind bringt eine Lust mit, herzustellen, in Bewegung zu setzen, zu helfen und zu können. Eines der ersten Worte der Kinder ist »selber, selber!«. Man muss den Kindern die Lust an Leistung nicht anerziehen, kann sie ihnen aber leicht aberziehen durch Bedenken, durch Einschränken, durch Überbehütung und Verwöhnen. Beim Malen, Teigkneten, Verkleiden, Burgenbauen können die Kinder, vor allem wenn Eltern oder Großeltern mal begeistert mitmachen, viel entdecken – vor allem, dass wir nicht irgendetwas, sondern uns verwirklichen, durch Arbeit. Wir sind, was wir tun. Wir sind noch mehr, sind von Gott Geliebte und vom Leben Ausgehaltene. Aber wir sind auch, was wir tun und lassen. Es hat mit uns zu tun, was wir tun. Darum, mach deins, und kämpfe, das tun zu können, was du gern tust! Dann läuft auch das nötige Geld hinterher und wenn nicht, dann nimm die Stütze in Anspruch.

Und du, der du dem Arbeitslosen die Stütze nicht gönnst, wie erklärst du dir, dein Geld selbst verdienen zu können? Es ist doch alles Gnade; auch deine Begabung, so nützlich sein zu können, ist doch nicht dein Verdienst. Und es ist doch offen, ob du deine Arbeit behältst.

Christenwissen fürs Regieren

Es gehört zu unserer Bestimmung, das Zusammenleben zu gestalten – und der wesentliche Teil dieser Zusammenlebgestaltung ist Politik. Politik ist wohl das Feld der Nächstenliebe über du und ich hinaus, gepaart mit Vernunft und Augenmaß. Gerade Christen müssen ihr Licht leuchten lassen; sie wissen doch die Eckpfeiler des Menschlichen: Du sollst nicht Gott sein wollen, nicht von Allmacht träumen, nicht eine Katastrophe als unvermeidlich hinstellen, du sollst deines Bruders Hüter sein, du sollst Gerechtigkeit beschaffen, Krisen sollen wahrgenommen werden, Wege in der Gefahr gesucht werden.

Christen haben das Urwissen, dass wir in einer Schöpfung leben, die noch auf dem Weg ist, heil zu werden, und wir sollen Schrittmacher zu Besserem sein. Das verlangt eine Politik, die nicht auf Pump bei den nächsten Generationen lebt.

Und Christen wissen auch: Wir sind schwierig, sind nah an der Hartherzigkeit; wir haben aber auch eine angeborene Lust, Gutes zu wirken. Darum muss Politik die Talente heben, muss helfen, dass Kinder ihre guten Möglichkeiten entfalten und Geschäftsleute ehrbare Geschäfte machen. Das eigennützige Tun darf nicht gelähmt werden, es soll nur das Gesamte mitfördern. Eigentum verpflichtet, und letztlich ist alles nur geliehene Begabung. Und niemand darf aufgegeben werden, jeder hat ein Recht, noch Neues über sich zu lernen. Auch darum ist Todesstrafe uns nicht möglich, und jede Strafe muss den verbesserlichen Menschen fördern.

Christen wissen, dass einer dem andern die Last tragen helfen soll; dass also Unglück, Krankheit, Armut von allen zusammen gelindert werden muss. Wir wissen aber auch von Schicksal und Bestimmung, wissen, dass einiges ausgehalten werden muss, so das meiste, das mit dem Anfang und dem Ende des Lebens zu tun hat. Die Geschichte vom barmherzigen Samariter hat die tätige Güte fest in unseren Herzen verwurzelt. Der barmherzige Samariter heute in der Politik beschafft schnelle Hilfe, zeigt Unmenschliches auf, schützt den Fremden vor Beleidigung, initiiert findig Nachbarschaftshilfe. Und wir wollen nicht immer reicher werden dadurch, dass arme Länder immer ärmer werden.

Christen wissen, dass Macht in Verantwortung vor Gott für die Menschen genutzt werden muss. Keine Macht darf sich darauf berufen, Gottes Gerichtsvollzieher zu sein, weder Eltern noch Regierende. Das ist eine Gabe christlicher Ernüchterung in der Politik: Wir können nicht die Welt in ein Reich des Guten und ein Reich des Bösen aufteilen, wir wissen zuviel von der Verflechtung aller mit allen.

Damit sind einige Linien gezogen für eine Politik aus dem Geist des Christentums. Welche Partei die bessere Politik zu versprechen scheint, muss jeder selbst finden. Und entsprechend wählen. Wir müssen wieder wacher Politik machen, nicht nur Steuern zahlen, das ist ja noch das Geringste, sagt Jesus: Gebt dem Kaiser, worauf er ein Recht hat, einen Teil der Münze, aber ihr, gebt euch, gebt euch Gott. Als Helfer, Engel, als Prokuristen seiner Erde.

Reden ist Gold

Schweigen war ratsam, früher, als ein falsches Wort den Kopf kosten konnte. »Arme verschränken, Finger auf den Mund«, war güldenes Erziehungskommando. »Wer seine Zunge hütet, bewahrt sein Leben«, sagt die Bibel, aber sie bewahrt auch das Lob auf ein gutes Gespräch: »Eine gelinde Zunge zerbricht Knochen.« Schon wahr, wir alle haben befreiende Gespräche, die Verknöcherungen aufsprengen, in Erinnerung und täten gern mal wieder innig reden, ohne auf die Uhr zu schauen und ohne Handydudeln. Doch es scheint, wir sind kraftloser geworden, lustvoll miteinander zu reden.

Das darf doch nicht wahr sein, dass Ehegefährten kaum mehr als zehn Minuten täglich miteinander reden. Aber wann reden Kollegen wirklich? Ärzte tauschen Für und Wider ihrer diagnostischen Wahrnehmung aus, aber wann reden sie ungesponsert noch über Leben und Tod? Pastoren reden über Mitarbeiterqualifizierung, aber wann trauen sie sich, eine ihrer Predigten zu bereden? Zielorientiert kämpft man sich in Projektsitzungen nach vorn. Doch wann tauschen wir uns noch aus über uns persönlich? Gut, das Klein-Klein in der Kantine, wenigstens das gelingt noch zwölf Minuten lang.

Die Seelsorgerinnen, die im Krankenhaus von Bett zu Bett gehen, bekommen mehr zu hören als die eigenen Kinder, die zu Besuch kommen »mit der Uhr im Herzen« (Musil). Es ist ja nicht so, dass wir nichts auf der Seele hätten, aber wann sind wir mal in Ruhe für einander da und können reden, reden über Ängste und Versagen, über mein / dein Gottvertrauen und die Zweifel? Der Glaube ist zum letzten Tabu zwischen uns geworden, dabei kann ihm so viel Lebensmut entströmen, wenn wir uns nur getrauten. Sind wir höflicher geworden und verletzlicher? Wollen wir nicht belästigen, uns auch nicht schwach zeigen? »Bittet, suchet, klopfet an«, sagt Jesus und verheißt Gehör die Fülle.

Ich will einen Freund anrufen, heute, ich weiß, er freut sich. Ich freute mich auch, wenn er unverhofft sich meldete von irgendwo und ein Zeichen gab, dass man einander noch auf der Liste hat. Auch einem sagen, was mich an ihm beschwert, auch Unannehmlichkeit in Kauf nehmend. Was gesagt sein muss, das sag! Wir dürfen das Miteinanderreden nicht dem Fernsehen überlassen. Talks sind auch eine Art von Gespräch, besser als nichts, aber da läuft's doch nach der Regel: Das Wort ergreifen und so lange wie möglich behalten. Und deine Meinung ist auch bedenkenswert, und du hast auch Lust, dass man dir zuhört; auch du hast was zu sagen.

Wir wissen, wir sollten wieder mal zum Geburtstag einladen, sollten zum Elternabend in die Schule und hinterher noch auf eine Runde die andern mitschnacken; sollten den lädierten Freund besuchen, beim Nachbarn verweilen. »Pastor, keine Zeit?«, sagte die alte Dame, »dann setz dich hin, dann hast du Zeit.« Mit einander reden hat etwas Rettendes. Ja, »kommt, reden wir zusammen, wer redet ist nicht tot, es züngeln doch die Flammen schon sehr um unsere Not«. (Gottfried Benn).

In die Talkshow ausgewandert

Nicht zu fassen, findet mancher Zeitgenosse, wie Menschen vor Millionenpublikum ihr Seelenleid nach außen schütten. Paare, zerfallene oder verklumpte, schreien ihre Beleidigungen heraus, stellen ihre Wunden aus, stehen öffentlich zu Schuld und Hass und flehen um Geliebtsein. Der Talkmaster lichtet in Sekunden Schicht um Schicht der Tragödien, sucht einen Hauch roten Faden, sucht die Wurzeln der Entzweiung in der verschiedenen Herkunft beider, deckt die frühen Risse auf. Es gibt seelsorgerliche Gesprächsführer und gnadenlose Scharfrichter, es gibt Therapeuten und Auszieher vom Dienst. Und jeder bedient sein Publikum: Die gern zuschauen, wie andere sich ausziehen, finden die, die gern unter Aufsicht sich entblößen. Andere hätten zu gern einen warmen Lebenskreis, und finden für die kurze Zeit einen mächtigen Schoß zum Hineinheulen. Die Seelentröster haben manchmal Glück – die Partner können genügend Dynamik aufbauen, das Publikum geht mit, und bietet sich als großes Reinigungsbad an, manchmal sind alle herrischen Allüren nur Krampf, und zurück bleiben ganze Haufen Elend. Während die Darsteller ihres Leids das Entsetzen erreicht, sind die Menschen an den Bildschirmen längst weiter. Nur die Verwandtschaft, die Nachbarn, sie feixen sich die Hucke voll, da bleibt man noch lange gebrandmarkt.

Der tiefere Grund, sich bis in seine Abgründe darzubieten, ist Religion. Wir wissen uns vor einer letzten Instanz, die uns gnädig ist. Die Fernsehgemeinde mit dem guten oder strengen Hirten-Moderator ist ein Zipfel dieser Gottheit, die uns sowieso kennt und liebt, gerade, auch wenn wir verrückt sind. Früher war die Kirche direkt das Haus Gottes auf Erden, dort sagte man dem Priester seine Verfehlungen ins Ohr, und der wusste, die Dinge mit Ermahnung und lässlichen Strafen beim Herrn geradezurücken. Er war Brückenbauer für die verirrte Seele. Heute glauben wir das Auge Gottes in der Kamera, die Hingabe und Buße ist öffentlich, darum wirksamer, man ruft ja die Menschheit zum Zeugen für seinen Besserungswillen auf. Die ganze Gemeinde zittert mit, ob das Bekenntnis und die Reue und die Buße glaubwürdig scheinen. Und mancher sieht sein eigenes Schicksal gespiegelt, eine Umkehr kann auch ihm geschenkt werden – »der Heilige Geist weht, wo er will«.

Warum die öffentlichen Beichten so beliebt sind, ist klar, wir haben alle Dreck am Stecken, haben alle was zu beichten. Und die tun es. Mag Einsamkeit dabei sein, Irrsinn, Spreizlust – die Prominenten, die täglich ihre Bekenntnisse und Schuldzuweisungen vor der Kamera ausschütten und anderer Leute Beichten verlangen, sind weniger in der Wahrheit als ein Mensch, der die zärtliche Liebe zu seinem Hundchen gesteht. Glotzsucht und Schadenfreude sind eine Beichte wert, aber Neugier ist besser als Totsein, und andern zuschauen bei deren relativ freiwilligem Auftritt, ist doch noch etwas Teilnahme.

Auch deine Unlust hat ein Recht

Von allen Seiten wird einem schlechtes Gewissen verabreicht, wenn man einfach nur da ist. Als müsse man ständig sich rentieren, so in Eile scheinen viele. Faules Leben ist geächtet. Die Traumbilder der Werbung für Lottomillionäre zeigen immer nur flotte Täter und Macherinnen, irgendwie in Fahrt, in Aktion, zumindest mit Fitness oder Flirten beschäftigt.

Früh bekamen wir zu hören: »Häng' nicht rum, tu was.« Nachdenklicher gemahnt: »Es ist später als du denkst!« Und Endzeit scheint eingeläutet mit dem Bibelwort: »Kauft die Zeit aus, es ist teure Zeit.«

Dabei ist einfach mal nur da sein, schlicht einfach nur vorhanden sein, auch gut. »Sehet, die Lilien auf dem Felde« lockt Jesus und reizt damit nicht zu botanischen Studien, sondern zum gelassenen Mitleben des Daseins, ohne sich zu zersorgen. Wenn wir Hunger haben, treibt's uns schon an die Arbeit, wir wollen auch wirken und für andere mitsorgen. Wir stehen schon wieder auf nach einer Ruhezeit.

Oder haben wir Angst, in Stieren und Dösen zu versinken? Fürchten wir, uns risse der Triebfaden? Menschen an der Ampel stellen ungern den Motor ab aus Angst, er springe gleich nicht an – und dann steht man da wie blöd und blockiert den ganzen Verkehr. Rufen wir uns beim kleinsten Durchhängen schnell zur Tagesordnung zurück, fassen irgendeine Arbeit an oder gehen wenigstens einkaufen –

nur um uns zu beweisen: Ich bin noch da, mit mir ist noch zu rechnen?

Eine Frau macht einen ganzen Monat Urlaub im Jahr von Familie, Mann und anstrengendem Zuhause. Dann lebt sie ihren Rhythmus, lässt sich fallen in grenzenlose Müdigkeit, wie sie sagt. Danach hält sie wieder das Drucktempo zu Hause durch. Aber eine Spanne lang hält der Vorsatz, auch im Alltag mehr auf ihr Tempo zu achten, auf die eigenen Hochs und Tiefs.

Das einzig Beständige ist der Wechsel – allein schon diese scharfe Wahrheit ist auch eine Lizenz zur Unlust. Du hast auch Phlegma – griechisch: »zähflüssiger Körpersaft« –, du darfst auch mal schwerfällig, stumpfsinnig, missmutig, träge, drög und ziellos sein. Deine Antriebsfeder wird schon wieder gespannt. Du weißt von dir: Du bist ein Spezialist der Auferstehung. Du kommst pünktlich wieder bei zu Erlebnis und Begeisterung.

Lass auch Dürre bei dir zu. Felder brauchen Brache, Bäume stellen fünf Monate das Wachstum ein. Zieh dich mal aus dem Verkehr. Erblühen wirst du und wieder erfreuen. Entspannt von falschen Kompliziertheiten siehst du wieder klar. Und dringlich wirst du wieder an ein Werk gehen. Lust wird dich wieder in Gebrauch nehmen, du bekommst wieder Appetit auf Freude, verlass dich drauf.

Das Kunstwerk von Geben und Nehmen

Der große Max Frisch erzählte mal von einem Onkel, dem er als Architekturstudent in schlechter Zeit viel zu danken hatte. Der verhalf ihm zu Geld für Essen und Wohnen. Aber die Anzüge und Schuhe, die er ihm nachtragen sollte, sie gingen ihm gegen die Ehre. Da war ein Gefälle offensichtlich, das wehtat.

Sicher geben wir lieber als bitten zu müssen. So gesehen ist Güte besser als Bedürftigkeit; lieber schleppt man doch einen zur nächsten Tankstelle ab als am Straßenrand händeringend auf einen Mitleidigen zu warten. Rat geben ist angenehmer als Rat zu brauchen. Den Kindern beim Hausbau beistehen zu können, ist beglückender, als den Schwiegersohn anpumpen zu müssen. Auch Besuche im Krankenhaus müssten doch viel häufiger sein, schon aus Dankbarkeit, dass man (noch) nicht hier liegt.

Aber für so manchen, sicher auch für mich dann und wann, wäre Nehmen seliger. Ich muss mir helfen lassen, muss Arbeit und Anerkennung teilen, muss Rücksicht erbitten lernen. Manch einer ist so stolz, dass er seine Not verschweigt und nicht mal das Rathaus um Sozialhilfe angeht; manch überforderter Mensch pflegt seinen Angehörigen bis zur Selbstaufgabe. Ihm muss man Hilfe aufdrängen, ihm wäre Nehmen seliger. Natürlich gibt es welche, die sind vom Stamme Nimm. Sie feiern jedes Fest gerne mit, aber tragen kaum was bei und helfen auch kein Stück, doch bei der Frage nach Getränkewünschen lassen sie sich was

Mühemachendes einfallen. Es ist schon ziemlich viel Dummheit in der Welt, die meint, man habe dankbar zu sein, sich der Gesellschaft dieses wichtigen Menschen erfreuen zu dürfen. Doch keiner ist nur zum Nehmen da.

Besonders für Paare ist es wichtig, Geben und Nehmen ins Gleichgewicht zu bringen; aber nicht mit der Goldwaage, sondern spielerisch und leichten Herzens. Denn beide haben, was je dem andern fehlt; beide haben was zu geben und zu nehmen. Beide brauchen das Wissen der Ebenbürtigkeit. Keiner darf immer zusetzen, mal muss er verwöhnen und mal sie; beide auf je ihre Weise. Beide müssen ihre Gaben und Bedürftigkeiten einbringen. »Einer trage dem andern die Last mit«, ist ein berühmter Trauspruch und eigentlich für alle Fälle gut.

Auch Begehren und Gewähren in der Liebe sind die beiden Seiten der einen Münze. Beides ist groß. Begehren, Wünschen, Sehnen ist groß und Schenken, Einwilligen, Mitgehen, Annehmen auch. Welchen Ausgleich sich die Paare geben, das geht nur sie selbst an, aber wenn der Austausch gelingt, strahlen ihre Gesichter Friedliches.

Das Geheimnis der glücklich Gebenden ist das der Stillenden: Sie nehmen beim Geben, sie geben beim Nehmen. Beuys sagte es so: »Ich ernähre mich durch Kraftvergeudung.« Jedenfalls ist eine Quelle da des reichen Segens, unermesslich viel Gewährtes ist auch für dich in der Welt.

Gib
deiner Seele Recht

Auch du hast eine Seele, eine Wärmequelle, die dich betreibt und bewacht. Sie ist aber so diskret, dass sie dich nicht zwingt. Du kannst sie umfahren, überhören, mundtot machen, oder du kannst sie hüten und nah an dein Ich lehnen.

Deine Seele ist dein inneres Wissen, mit dem du ins Leben gerufen wurdest, die Hintergrundstrahlung deiner himmlischen Herkunft. Sie kann dir beschädigt werden, aber sie bleibt dir. Sie ist das Wunschradar in dir, das einen feinen Leitstrahl dir vorhält von dem, was schön und gut ist. Sie lotst dich ins Lieben und in die Freude, sie macht dich empfänglich für Musik und Worte, die Lebensbrot sind. Sie tränkt dich mit Sehnsucht, zu einem guten Ganzen zu gehören. Sie stiftet an, dass du dich verknüpfst mit einem Wesen, ein Herz und eine Seele mit ihm wirst. Allerdings sehr vorläufig und übungshalber, denn die Seele hat hier keine bleibende Stadt, sondern sucht ihre zukünftige. Die Seele ist »Gottes Atem in allem Fleisch«, die unauslöschliche Widmung dessen, der dich ins Leben schickte und wieder heimholen wird.

Deine Seele gibt an deine Person die Kraft, »ich« und »ich will« zu sagen, sie speist dein Ich mit der Fähigkeit, die Ereignisse sich dir anzueignen, möglichst wie es dir selber gefällt. Sie hilft deinem Ich, die Wirklichkeit zu bestehen.

Erziehung kann deine Seele weiten und schmücken, aber auch sie verhärten. Sie kann dann neu erweicht werden durch Heimaterfahrung – ganz von weitem erinnert dich das Aufscheinen eines Augenpaares oder ein Gedicht oder der Anruf einer alten Freundschaft an deine Herkunft, an deine Kindheit – da war deine Seele glücksfähig und freiheitsdurstig. Wenn du auch meinst, vom Leben gierig nehmen, nur nehmen zu müssen, wenn du mit Rasierklingen unter den Armen dich durchsetzt, auf einmal wirst du deiner Seele gewahr, wie sie Halt schreit und fragt: Willst du der überhaupt sein, den du so rücksichtslos darstellst? Und wo ist dein Bruder, deine Schwester? Wem bist du Hüter und Freund? In dir bleibt ein Flüstern wie vom anderen Stern.

Im Traum stößt deine Seele ein besseres Wissen von dir ins Halbbewusste. Du entrinnst gerade noch einer Katastrophe, wagst, eine Schuld einzugestehen und erfährst Vergebung, dir werden die Augen geöffnet über dich und du schrickst zurück, eine helle Person zeigt dir einen anderen Weg. Wie nebenbei rettest du ein Kind oder so ähnlich – jedenfalls freut sich deine Mutter über dich – so könnte dein Traum sein. Und die seelischen Energien wirken noch anders auf dich ein. Es ist in dir ein Ziehen, ein sanfter Sog weg von der Verzweiflung. Dieser Sog bleibt unterschwellig, bis du ihn brauchst. Dann ist er da und speist dir Zuversicht ins Ich.

Aber fördere deine Seele. »Tu deinem Leib Gutes«, sagte etwa die Heilige Theresa, »damit deine Seele gerne in ihm wohnt.« Vor allem such die Nähe zu Kindern, schenk ihnen Zeit, pflanz mit ihnen Bäume, lies mit ihnen viele Bücher und hilf, dass ihre Seele sich hier gut auskennt!

Auto und Charakter

»Wie ein Mann Auto fährt, so möchte er sein«, sagte Anna Magnani. Ich fahre wohl zügig, Lücken nutzend, ziemlich umsichtig, berechenbar, meist etwas zu schnell. Ich halte auch gern mal eine Lücke für Leute, die schwer in Druck sind. Weiß aber nicht, ob ich mit diesem Lückelassen nicht erst die Versuchung zum Hoppen auftue.

Möchten wir nicht alle gern Sieger sein, unangestrengt, großzügig, beneidet? Oder aber friedlich und verschont? Bertolt Brecht lobt den Autofahrer, der einen gleichmäßigen Verkehrsfluss fördert, indem er nicht überholt. Aber wir haben nun mal verschiedene Temperamente, und die Kurzstreckenläufer haben es eiliger als die Geher. Die einen leben bedächtig, andere mit Sportsinn, mit Kampfgeist; sie nehmen die Situationen allesamt als Herausforderung. Ihre Erfindungsgabe im Überwinden von Schwierigkeiten wird immer neu angestachelt – der Verkehr übt. Vielleicht gibt es Grundunterschiede: Wanderer und Siedler möglicherweise. Wenn Sesshafte Auto fahren, dann siedeln sie auch auf der Straße, wollen ihr Revier dabei haben, bewegen sich nur schwerfällig, wie aus Not, sind nicht nachgiebig, nicht elastisch. Die Wanderer sehen immer Abenteuer vor sich, wollen eher am Ziel sein und dann schon mal es sich gemütlich machen – aber erst dann. Bis dahin arbeiten sie hart – Raumgewinn ist ihr Auftrag. Vielleicht sind auch andere Unterschiede wichtig: Eitel oder selbstgenügsam. Die einen nehmen die Straße als Laufsteg; man zeigt sich und führt vor, was man sich leisten kann. Die anderen spielen nicht mit bei diesem Wettbewerb; sich vorführen mögen sie nicht; sie halten es für belanglos, ob ein Auto schneller fahren kann. Sie ziehen vielleicht ihren Stolz aus dicken Kürbissen im Gartenverein oder sind in Gedanken bei den Enkeln; überlegen beim Fahren, wie sie für die ein Baumhaus erstellen. Man sollte meinen, der Hauptunterschied liege zwischen Berufsfahrern und Hobbyfahrern. Sicher muss, wer autofahrend sein Geld verdient, zügig sein. Aber auch da gibt es Gleiter und Sprinter, und welche sind gern schneller daheim, andere lieber friedlich unterwegs.

Hochmütig, rücksichtslos und nachlässig ist der Sünder heute, das Auto ist die passende Waffe. Hinzu kommt, dass Verzweiflung und Hingabe, die nicht weiß, wo sie hin soll, gern rausgeschrien werden auf offener Straße. Autofahren ist vielen der letzte Freiraum – der Führerschein ist die erste Trophäe des Erwachsenseins und wird am liebsten nie mehr abgegeben. Nur weil höchstens eine von zehntausend Übertretungen geahndet wird, ist noch so viel Verkehr. Und ist er so gefährlich. Trifft uns ein Bußgeld, war es längst fällig.

Liebe
macht schön

Lieben – das ist die herrliche Energie, sich gegenseitig aufzubauen, sich zu Erfolg und gutem Selbstbewusstsein zu verhelfen. Lieben bringt den andern vorwärts, erklärt ihm, was er von sich zu halten habe als Kind Gottes, und verschafft ihm neue Kräfte, hält ihm auch Bedenken hin, aber wie einen Mantel, in den er hineinschlüpfen kann. Geliebtwerden macht schön, etwas lieben und es schön machen ist wohl ein und dasselbe. Liebe verschafft beglückende Gefühle, macht, dass einer gern in seiner Haut ist; hat Lust an des andern Lust – sie verstehen sich in magischer Sprache, sie erkennen einander und nehmen sich so an, dass sie ineinander übergehen, ohne sich zu besitzen; auch nehmen sie des anderen Zeitgefühl an. Liebe schließt Täuschen und Getäuschtwerden nicht einfach aus – trotzdem wissen sie sicht zugehörig, können sich vergeben, immer noch mal, sie leiden auch Schmerz an der Machtlosikeit, dass einer den andern nicht völlig erreichen kann, dass einer den andern auch weggleiten sehen kann und man ihn loslassen muss, und man bleibt invalid zurück.

Liebe drängt nicht, sondern kommt entgegen. Liebe bahnt Begegnung an, wo einer sein Licht leuchten lassen kann, räumt Missverständnisse aus, indem man zeigt, wie dies und das auch anders verstanden werden kann, dass also nicht einer der Dumme sein muss, sondern jeder sein Stück recht hat. Liebe baut die Waage, auf der die verschiedenen Gaben und Bedürfnisse gewogen werden –

und eine Gerechtigkeit gefunden wird, die des andern Last mit trägt.

Liebe teilt, manchmal auch die Bakterien und die schlechte Laune, aber viel mehr die Ressourcen; was einer kann, kann er für den andern mit. Liebe weiß für den andern mit, hat Besitz für ihn mit, freut sich an geteiltem Nutzen, beruft sich nicht auf Privilegien, lässt gern den Vortritt, lässt die Wahl dem, der mit mehr Seele an der Entscheidung beteiligt ist, und unterdrückt Machtworte.

Liebe räumt Chancen ein, beschafft dem anderen Arbeit, dass er ein Werk tun und das Behagen schmecken kann, sich und andere vorwärts zu bringen.

Liebe stellt ins Licht, billigt dem Andern Einzigartigkeit zu, verehrt ihn und will ihn geehrt sehen, will auch Geist an ihm entdecken und bewundern; will des anderen Worte zum Guten hin verstehen, Türen öffnend, nicht argwöhnisch das Gesagte abklopfen, sondern es zum Besten hinkehrend.

Liebe lässt nicht verderben, sie sieht sich in die Pflicht genommen, sie bahnt Wege in der Gefahr, zeigt den Ausgang in der Not, beschafft Luft, Raum, Zeit zum Aufatmenkönnen, sie bürgt für das Gutsein des Lebens.

Wer nichts gibt, hat nichts. Wer nichts gibt, ist der Ärmste. Arm ist auch, der nicht geliebt wird, aber das größte Unglück besteht darin, nicht zu lieben. So ist die Arbeit der Liebe ein Lebenswerk; Lehrlinge darin sind wir alle, aber wenn wir spüren, was uns fehlt, ist Heilung möglich: heute befreunde dich mit einem Menschen, mit einer Kreatur.

Immer wenn du denkst, es geht nicht mehr

Hast du das Gefühl, das Paradies liegt weit zurück und du wärest in der Wüste und hoffst auf einen Moses, der dir den Weg zeigt, wie es weitergehen kann? Warte nicht auf andere. In dir selbst ist die Energie großer Tatkraft. Die Lampe ist nicht aus. Nur schwieriger ist alles geworden. Und die Angst setzt unter Druck. Ja, die frohen Tage sind vorbei. Erstmals.

Du hattest mal klein angefangen, dann drehtet ihr ein immer größeres Rad. Um das in Schwung zu halten, braucht es immer neuen Einsatz. Der ist nicht zu kriegen, im Gegenteil, einiges, was sicher schien, bricht weg. So müsst ihr neu gewichten, was ist absolut notwendig, was ist noch wichtig und was ist weder notwendig noch wichtig, ist nur wünschenswert.

Wichtiges und Wünschenswertes ist aufschiebbar – das wieder zu denken und im Kopf Klarheit zu schaffen: Nur das Lebensnotwendige ist jetzt zu sichern. Zwei Jahre harter Verzicht.

Wichtiges und Wünschenswertes, aber nicht Lebensnotwendiges ist zurückzustellen, zu kündigen, einzustellen, stillzulegen – zur Not zu verkaufen. Euer Zusammenleben muss bleiben, ihr müsst euch ernähren können, das Dach überm Kopf halten, die Arbeitsmöglichkeit sichern. Aber kann man zusammenrücken, Mieter ins Haus nehmen? Wenn so die Pfändung zu verhindern ist, wäre das einen Versuch wert. Und das Auto geht auch zwei Nummern kleiner. Und das Reiten muss unterbleiben. Und keine Reise, kein Kino für eine Strecke Zeit – geht alles.

Neu gewichten, was geht und was nicht, das öffnet auch Gedankenschneisen voller Lichtblicke. Eigentlich endet nichts, sondern verwandelt sich nur, es geht weiter mit euch, auch wenn ein Stück Rückbau jetzt dran ist. Ihr müsst die Mittel konzentrieren, die Ausgaben verringern, Einnahmen mehren.

Es kann sein, dass du aus Liebe mehr gibst, als du hast. Du magst nicht enttäuschen, bist gern der Großzügige, der Versorger.

Aber widrige Umstände stoßen uns an unsere Grenzen. Erst wenn es kein Weiter gibt, dann geht es auch anders. Das ist die schmerzliche, aber nahrhafte Erfahrung über Generationen.

Auf einmal, weil der Scheck der Eltern ausbleibt, wird das Studium unterbrochen und Arbeit angenommen. Auf einmal versucht sich Frau wieder in ihrem früheren Beruf. Auf einmal jobbt der unter Beschäftigungsmangel leidende Mann wieder und findet zurück in einen gesellschaftlichen Rhythmus. Oder die Großmutter muss doch nicht ins Heim, weil ein Enkel zu ihr zieht, und überraschend gründen sie eine WG. Eine Katastrophe kann alles platt machen. Das ist furchtbar, und man muss bitten und kann sich nur ausliefern der harten Sozialhilfe. Aber behalte den Instinkt, überleben zu wollen und wieder selbst dich durchbringen zu können. Bleib spritzigen Sinnes für das Erzeugen von Einkünften. Auf niedrigerem Niveau nimm neue Fahrt auf. Dir soll was glücken.

Schuss vorn Bug – Man ist erschöpft und darf es sein

Wir sind aus brüchigem Material. Ob Tinnitus oder Infarkt oder Rücken, Augen-, Magen- oder Speiseröhrenentzündung – irgendwann stößt vielen ein Pfahl ins Fleisch. Dann waren wir lange schon überfordert, atemlos, die Nerven lagen blank; wir haben mehr gegeben als wir hatten. Unser kluger Körper nutzte die Gelegenheit, wir strauchelten und blieben liegen, waren auf uns selbst geworfen und mussten uns endlich mit uns beschäftigen. Erstmals waren wir aus dem Verkehr gezogen, waren nicht mehr gemeint, nicht mehr erreichbar. Durch dicke Scheiben kam aus weiter Ferne das Leben draußen nur schemenhaft vorbei. Wir mussten lernen: Es geht auch anders. Es geht weiter – ohne mich.

Das ist Schrecken und Freispruch zugleich. Schrecklich, wie ersetzbar man ist. Nur ganz liebe Menschen sagen, man sei nicht ersetzbar, nur vertretbar. Gut zu wissen, dass der Platz freigehalten ist für baldige Rückkehr, wenn es denn der Fall ist.

Freispruch hängt an diesem Knall, der mich flachlegt und aus dem Verkehr zieht. Ich darf erschöpft sein, darf klein beigeben, darf auch müde werden und versagen. Darf mich versagen. Es hat etwas mit Demut zu tun, mit einverstanden sein, dass auch ich scheitern und ausbrennen kann und nicht besser sein muss als die rechts und links.

Ein Mediziner sagte, unser Körper sei gedacht für vierzig Jahre, danach komme mehr oder weniger schneller Abbruch. Aber schon die Bibel schreibt: »Unser Leben währet siebzig Jahre, und wenn's hoch kommt, so sind's achtzig Jahre«, schreibt aber auch die Bedingungen fest: »und wenn es köstlich gewesen ist, so ist es auch voll Mühe und Arbeit gewesen«.

Also, wir sind schon für eine gute Spanne Zeit gedacht, hier auf dieser schönen, armen Erde. Sind auch als Mitarbeiter gedacht, den Garten des Lebens zu bebauen und zu bewahren, aber eben jeder nur zuständig im Rahmen seiner Kräfte, damit es köstlich bleibe.

Da sind wir einfach Verräter am Leben, wenn wir uns und andere gnadenlos verausgaben. Das Überleben nur der Fittesten mag fürs Tierreich gelten, aber wir Menschen haben doch andere Talente noch und andere Freuden. »Es ist genug, dass jeder Tag seine eigene Plage habe« – dieses Leuchtwort des Jesus lässt uns auch mit der Kraft heute auskommen. Wir werden unser täglich Brot haben bei normalem Fleiß. Was brauchen wir Zweitwohnungen, Weltreisen, Aktienbündel, Dankschreiben? Jetzt auf dem Kreuz liegend, gemachtes Bett, eine freundliche Schwester, abklingender Schmerz, ein gutes Buch – du tauchst weg und bist ganz bei dir (wenn die Kinder versorgt sind, der Hund gute Nachbarn hat, der Gefährte zurecht kommt). Und in dir klärt sich der der Blick fürs Wohlbefinden, im Privaten und im Beruf. Erstaunlich, wie andere auch was können, wenn man ihnen nicht fortwährend die Arbeit wegnimmt. Und klar: Durch eine schwere Krankheit wurdest du vor Schlimmerem bewahrt, wenn du für dich gelten lässt: Das Ziel liegt im Tal, die Besessenheit kann aufhören.

Der Hass in dieser Welt macht alle Menschen krank

Man mag die Nachrichten nicht mehr anstellen, jedes Mal ist zu fürchten, dass wieder ein Attentat Menschen niedermäht, wieder Bomben Leiber zerfetzen und Häuser ineinander stürzen lassen. Schon fürchterlich sind die Naturkatastrophen, sie scheinen sich zu häufen, sie rücken näher, dazu der baldige Öl-Kollaps. Und die fürchterlichen Verkehrsunfälle, die Busse und die LKW, die in Stauenden rasen; und die Gewaltverbrechen, vor allem gegen Kinder. Schon all das sind zu viele Schreckensmeldungen. Aber die Attentate schlagen noch eine tiefere Wunde in unser aller Zusammenleben.

Heute wird Krieg geführt nicht mit Panzer und Armeen, nicht Völker rufen zum großen Krieg gegen ein anderes Volk auf. Sondern Gruppen und Zellen führen Krieg, selbst ernannte Heilande rufen ihre Vernichtungszüge aus, sie greifen ideologischen Sprengstoff aus uralten Tragödien; sie meinen, der Zweck heilige die Mittel; lang genug seien im Guten Verhandlungen angeboten worden, aber die Herrschenden hätten nicht mit sich reden lassen. Jetzt müssten die Waffen sprechen.

Zu lange wäre der Besitz des Volkes von bestochenen Herrschern ins Ausland verkauft worden. Zu lange habe man der Religion nicht gehorcht, und jetzt werde die Ordnung des Propheten wieder hergestellt oder das Land der Verheißung wieder in Besitz genommen. Oder die Freiheit vom Großen Bruder werde nun erzwungen, indem man ihm sein Haus zur Hölle macht. Oder die Zentren der

Waren- und Geldströme werden gesprengt von Menschen, die die Armen der Erde zu rächen meinen.

Die Täter wähnen sich auf der Seite des Guten, schon weil sie ihr Leben hingeben. Dabei ist es doch auch nur Bestechung, das hiesige Leben als Preis einzusetzen für einen glücklichen Himmel. Was müsste das für ein Monster sein, das so belohnt? Und immer sind es zufällig gerade am falschen Ort sich befindende Menschen, die zum Mittel des Schreckens herabgewürdigt werden.

Die Selbstmörder konnten noch entscheiden, aber ihre Opfer haben keine Wahl, sie werden zur Verhandlungsmasse, zur Angstmasse entstellt. So werden die Attentäter noch schlimmer als ihre Gegner, die sie bekehren wollen. Terror sät Terror, es ist nur zum Heulen.

Was bleibt? Wir müssen beten für die Geiseln und für die Gewalttäter und für die, die politisch das Sagen haben. Heiliger Geist muss über sie kommen, dass erste Schritte zum Frieden getan werden. Das Leben der Gekidnappten retten durch Anbieten von Verhandlungen und erste Entlassung von Gefangenen. Aber woher nehmen den großen Mut, zum Anfang von Entfeindung die Hand hinzustrecken? Wenn man jetzt nachgibt, sind all die Opfer vorher umsonst gewesen, dies Argument wiegt so schwer. Aber wer A sagte, muss nicht B sagen, er kann auch erkennen, dass schon A zu sagen falsch war. Wir Menschen brauchen viel Heiligen Geist. Der lehrt uns, auf Privilegien zu verzichten – oder den Hass zu mehren.

Mit Unsicherheit leben

In der Fahrschule lernt man, vor Antritt der Fahrt Bremsen und Beleuchtung zu überprüfen. Aber wer tut das schon? Zumal man die Bremslichter nur mit Hilfe eines netten Menschen sichten kann, oder man hat in der Garage Spiegel montiert.

Wir nehmen schon eine ganze Menge Unsicherheit inkauf, sonst kämen wir überhaupt nicht voran. Wer prüft schon die Echtheit der Geldscheine? Meist stecken wir auch das Wechselgeld ungezählt ein. Und Geschäftsleute müssen vertrauen in Lieferanten und Bahn. Denn sie können ja gar nicht alles in Gegenwart der Spediteure ein- und auspacken, wie geboten. Auf dem Weg der Kulanz wird Schaden geregelt, denn Geschäftsbeziehungen sind kostbar. Die bauen auf Vertrauen aus Erfahrung. Aber viele neue Anbieter, weniger treue Kunden – mehr Vorsicht ist geboten; andererseits ist der Vorschuss an Vertrauen lebenswichtig. Hat der Reklamierer nur keine Lust mehr am Gekauften? Hat womöglich die Ware selber schadhaft gemacht, um sein Geld zurückzukriegen? So darf man gar nicht denken, sonst wird man verrückt und verlangt Vorkasse schon bei Betreten des Ladens.

Auf allen Gebieten nimmt Gewissheit ab und die Gier nach Sicherheit zu. Kluges Vertrauen ist die wahre Chance. Wir brauchen ein Denken, das mit Urteilskraft die vielen Informationen sortiert. Voraus muss gehen, klar zu sehen, was man will. Ist dir Sicherheit das Wichtigste? Dann zieh in einen Bunker. Ist Reichtum das Wichtigste? Dann musst du nur aus allem einen Vorteil ziehen. Willst du Freiheit, dann bleib allein. Willst du wissen, was über dich gedacht wird? Dann kontrolliere. Nur, wer überwacht die Kontrolleure?

Wie wäre es, wenn du Freude willst, gern du sein willst, verbunden leben willst? Dann tust du nur, was Frieden schafft, willst auch nur wissen, was in diese Richtung geht. Und schlagartig hast du einen Meinungs-Magneten in dir, der anzieht, was deinem Frieden und Friedenstiften dient. Und zurücktreten lässt, was dir unbekömmlich ist.

Dann wirst du nicht mehr Sicherheit verlangen, sondern mehr Gewissheit, auch im Unsicheren gehalten zu sein. Und wirst auch für schwierige Dinge bereitet sein. Dein Ich wird geborgen sein, auch wenn es dich durch Katastrophen triebe. Dies Traumbild sei bei dir: Jesus mit seinen Jüngern im Sturm. Das Schifflein könnte koppheister gehen, aber Jesus schläft. Dann wecken sie ihn – und seine Ruhe beruhigt die Elemente.

Du musst darauf vertrauen, dass du zu einem guten Ganzen gehörst und dein Du mit deinen Begabungen dies Ganze mitbaut. Menschen musst du Vertrauen schenken. Nicht für alles, aber einen guten Willen musst du erst mal einräumen. Lass die Szenarien des Argwohns hinter dir. Wer hätte denn sonst Lust und die Kraft, dein Vertrauen zu gewinnen? Heute dir einen freien Mut! Und auch »Möglichkeitssinn« für das Unbekannte – es ist spannend, auch gefährlich, aber voller Verheißung.

Auch beim Altern muss die Würde gewahrt bleiben

Natürlich kommen im Alter auch Tage, von denen wir sagen, sie gefallen uns nicht. Und hoffentlich haben wir noch eine Ahnung, dass nach dem Irdischen uns Himmlisches erwartet; Gott hat uns doch die Ewigkeit ins Herz gegeben. Wäre schon gut, wenn wir mal mit Neugier sterben können, wenn wir nicht mehr leben können. Und das Klammern und Kontrollieren lassen wollen. Gut, wenn wir mal das Leben segnen können.

Aber bis dahin wollen wir uns des Lebens freuen. Solange es noch was zu staunen und zu lernen, was zu streicheln und wahrzunehmen gibt, ist es gut, hier zu sein, auf dieser schönen armen Erde.

Vielleicht werden wir ja auch klug, uns endlich in der Lebenskunst zu üben, es uns genügen zu lassen mit dem Hinreichenden. Es hat Charme, nicht zu protzen. Wenn man gut alt geworden ist, muss man niemandem mehr was beweisen. Die viele Arbeit und die Mühsal der kargen Anfänge sitzen in den Knochen. Wer alt geworden ist, hat viel Hunger und Elend erlitten, hat viel geweint, hat getröstet und Trost gefunden. Alt geworden, weiß man die Wunder und Wirren der Liebe, hat sich Wege gebahnt und Schleichwege dazu, ist schuldig geworden, nicht zu knapp, und weiß, dass letztlich alles Fügung ist. Alt geworden ist man schlau geworden, hat aus Fehlern gelernt, ist vor allem vorsichtig und, wenn im Stand der Gnade, dann dankbar.

Gut, wenn man andern nicht zu schwer werden muss. Aber da sollte man nicht drauf setzen. Wir haben unser Enden nicht in der Hand. Zwar können wir verfügen, nicht an die Magensonde gelegt werden zu wollen. Aber das Leben kann sich ziehen. Und gut dann, dass Menschen einem beistehen. Alle sollen behütet alt werden können und besonders die, die jetzt alt gewordene Menschen pflegen, so dass ihre Würde gewahrt bleibt; sie müssen es selbst mal gut haben.

Darum, wie Kindererziehung einen Rentenaufschlag wert ist, so die Pflege zum Ende des Lebens hin. Es gibt Früh-Alte und Lang-Junge, manche finden erst im Alter ihre Freiheit; Garten, Kultur und Ehrenamt sind beliebte Kraftfelder, auch mit Hörgeräten und Ferngläsern lässt sich gut reisen.

Hauptsache: Nie versumpfen. Also gesellig bleiben, besuchen, schreiben, anrufen, mailen, vor allem den Enkeln, Urenkeln. Nicht viel schwätzen von abgetanen Taten. Immer für jemanden mitkochen, auch sich selbst einladen. Nicht die Mahlzeiten einnehmen an einsamem Tisch mit dem Rücken zur Welt. Auskömmlich werden, einen Hauch Weisheit sich gönnen: Was hat man alles erzwungen im Leben, und hat es genutzt? Anders ging es doch auch. Also Frieden machen, was an einem selbst liegt; endlich Bedauern eingestehen, Versäumen; um Verzeihung bitten, Wiedergutmachung anbieten. Nachgeben, endlich könnte auf die alten Tage der Familie ein Feuerwerk von Glück bescheren.

Und es steht noch dahin, ob wir es mal sagen oder ob eines unserer Kinder es mal sagen will: »Es ist mein einziger Ehrgeiz, sie behutsam und verlässlich aus dem Leben herauszuführen, geradeso wie sie mich einst hineinführte« (Harold Brodkey).

Jahre

Wir haben einen gemeinsamen Kalender mit den festen Tagen und den Jahresfesten. Diese Tage sind thematisch geprägt, allermeist durch christliches Bewusstsein über die Zeiten. Die bestimmten Tage transportieren Erfahrungsfracht, die zu kennen lohnt.

Volkstrauertag, Bußtag, Totensonntag, 1. Advent: In dieser Zeit kann man, muss man neben dem Persönlichen die gemeinsamen Tragödien bedenken; Hier seien stellvertetend Katastrophen der Jahre 2000 bis 2002 bedacht. Es bleibt Trauer, Schuld, Tod und, Gott sei Dank, eben Hoffnung.

Neujahr: Jetzt los, jetzt den Anfang von etwas!

Man kann Neujahr verschlafen als ein nur technisches Datum eines nächsten Kalenders. Man kann aber auch für sich ein neues Kapitel aufschlagen. Ich sah eine Anzeige: Ein Mensch ohne Beine schaut mich an: »Wir lassen uns nicht behindern!« Was für ein Elan, was für ein Wille! Das kann auch meine, deine Energien auf Trab bringen. So viel weites Land liegt vor dir, so unerschöpflich viele Möglichkeiten. Und du verschließt dich wegen Unpässlichkeit? Wolle mehr, sei dir klar: Du kannst ganz viel. Du kannst jetzt zum Hörer greifen und noch Gutes wünschen dem, den du nicht meiden solltest; verabredet euch wenigstens auf einen Kaffee. Und bezahle deine Schulden. Wenn das ein größeres Problem ist, und du kannst die Einkünfte nicht erhöhen, dann verringere die Ausgaben. Hab' heute den Schneid, dich ehrlich zu machen. Und ein kleineres Auto, auch eine kleinere Wohnung anzudenken. Jedenfalls lass' nicht auf dir sitzen, dass andere für dich gearbeitet haben, und du prelltest sie um ihren Lohn. Man kann einen auch um Ehre prellen. Hab ich was ausgestreut, was weder wahr noch hilfreich war, einfach nur Geschwätz? Dann will ich um Entschuldigung bitten. Auch eine versöhnliche Geste ist schon viel, ein zuvorkommendes Freundlichsein, ich komme schon nicht zu kurz. Oder bedenke dein Rauchen; diagnostiziere die Kippen im Aschenbecher: Jede sieht doch aus wie erwürgt oder wie eine Waffe, die unschädlich gemacht wurde. Fühle kurz in dich, ist dein

Quantum erfüllt? Dann sage: »Das war's.« Und dann war's das.

Oder was ist bei dir dran? Jetzt es packen, dass ihr den Bausparvertrag abschließt? Oder den Enkeln für deren Studium eine größere Summe geben. Oder die langersehnte Schiffsreise buchen. Oder beschließen, an der nächsten Gemeinderatssitzung teilzunehmen – man sollte doch von einigen in der Politik Verantwortlichen aus persönlicher Begegnung einen Eindruck haben. Oder nehmt euch den nächsten Elternabend gemeinsam vor. Oder geht mal jetzt am Sonntag in eure Kirche. Oder klärt dies Wochenende mal was wichtiges Internes; traut euch, wissen zu wollen, was so in der Schwebe des Schweigens gehalten worden ist zwischen euch beiden. Oder ist es dran, sich sehr intensiv eine neue Befreundung zu suchen? Oder tu einen Bekannten auf, der einem gegen anständige Bezahlung den Computer beibringt. Oder bewirb dich um eine neue Arbeit. – Oder beschließ einfach, dich besser leiden zu mögen, ab sofort. Dr. Oliver Sacks schrieb über seine schwere Oberschenkel-Verletzung und die anschließende langwierige Genesung ein herrliches Buch: »Der Tag, an dem mein Bein fortging«. Irgendwann drängte eine Krankengymnastin: »Na los, Herr Doktor, Sie müssen einen Anfang machen.« Herr Sacks erinnert sich: »Einen Anfang machen! Wie konnte ich das? Und doch musste ich. Dies war der einzigartige Augenblick, in dem der Keim eines Anfangs gelegt werden musste.« Leg jetzt den einzigartigen Keim deines Anfangs von etwas.

Januar:
Mal eben in die Sonne

Doch, Sonne ist ein Menschenrecht. Gefängnis ist auch darum so schlimm, weil man nicht jederzeit raus kann ins Licht. Und wer ans Bett gefesselt ist, denkt schwermütig hin zu denen im Freien. Und viele auf Arbeit fühlen sich fast wie unter Tage, ständig bei künstlicher Beleuchtung und unter Gebläse oder am Computer, vor sich Mattscheibe und innen bald auch.

Manchmal haben wir wochenlang grauen Himmel und Regen in Kübeln. Ein Tief zog das andere nach sich. Oft plustert sich derweil im Süden lange schon ein Hoch, über Mittelmeer und Alpen scheint die Sonne in ihrer ganzen Pracht. Da muss man doch hin. Wenn irgendmöglich pack ein Köfferchen voll und sag für eine Woche tschüs in Richtung Süden.

Zum Beispiel Mallorca, Hin und Zurück mit sauberem Bett – alles andere findet sich fürs gleiche Geld, wie man zu Hause lebt. Du hältst dein Gesicht der Sonne hin, und alle Schatten fallen hinter dich. Du sitzt auf einer Bank am belebten Platz, neben dir Palmen – allein schon das Rauschen ihrer langen Wedel, gemischt mit Kinderhallo und Verkehrsbrodeln von etwas weiter weg – und du stehst nicht im Stau, du musst nichts, darfst einfach da sein und dich besonnen lassen – dein Herz geht dir auf vor Freude. Du schaust den Hunden nach, den Passanten, den Müttern mit Babys. Und bemerkst die zähen Alten, wie sie die Sonne einsaugen, als sei es ihre bevorzugte Nahrung.

Oder du suchst dir Strand, legst was unter und döst weg, die Wellen plätschern, sie schaukeln dich in einer Sonnenbarke. Deine Haut ist gestreichelt von Wind und Licht. Du fühlst dich wohl. Dies Behagen ist ein Geschenk Gottes, des Lebens an dich, gerade dich, der du aufblühst unter dieser Bejahekraft.

»Wär nicht das Auge sonnenhaft, nie könnte es die Sonne schauen« – sagte Goethe und wollte uns belehren über unser Geschöpfsein vom Himmel her. Wir wiedererkennen am leuchtenden Gestirn unser inneres Leuchten, sind nicht nur Erdlinge, sind auch Kinder des Lichts. Kaiser Alexander fragte den Philosophen Diogenes, ob dieser einen Wunsch habe. Und der blinzelte und sprach: »Geh mir aus der Sonne.« Recht gibt man dem Weisen aus der Tonne, wenn man nach vielen dunklen Tagen hingegossen ist ins Glück der Helle. Dann will man nichts als Sonne und lässt sogar das Handy weg.

Eine Woche sich losreißen von allem Müssen, aller Düsternis; und Licht von der Haut bis in die Seele strömen lassen – schön für den, der sich das eben gönnen kann. Wenigstens sollten wir die Sonnenblinker aufnehmen, die sich hier ins Nördliche verirren. Sollten, wenn irgendmöglich, sofort ins Freie treten oder das Fenster öffnen. Jeder Sonnenstrahl versichert: Gut, dass du da bist.

Von Karfreitag nach Ostern

Karfreitag und Ostern sind wohl die Scharnierdaten der Menschheit. Es stand auf dem Spiel, wer Gott sei und wer darum der Mensch. Ohne Gott wären wir die letzte Instanz und alles wäre erlaubt. Ohne ewiges Leben als Heimat höchster Sehnsucht blieb uns nur Konsum und alles wäre egal. Dagegen hat Jesus ein lichtvolles Bild vom letzten Grund aller Dinge entworfen. Das Herz der Welt ist Liebe und will Freude, will Genesung, will freundschaftliches Teilen. Das hat Jesus vorgelebt. Aber die zeitgenössischen Schriftgelehrten hatten Angst, Jesus kehre das Volk vom Gesetz ab, das peinlich genau zu achten war.

Jesus machte aber die Liebe Gottes nicht abhängig vom Sabbathalten und strengen Beten. Jesus wagte von Gott als »Väterchen« zu reden, der uns sieben mal siebzigmal vergibt. Der auch kein Leid zur Bestrafung schickt, sondern ins Leid mitgeht und durchs finstere Tal hindurchführt.

Jesus beharrte auf Liebe als Sinn vom Ganzen. Die Priester damals aber hielten Jesus für einen gefährlichen Träumer und sagten: Besser, dass einer sterbe, als dass das ganze Volk verderbe. So lieferten sie ihn ans Kreuz.

Und wenn der Tod wegen Gotteslästerung das Ende gewesen wäre, dann hätten wir kein Wissen mehr von dem leuchtendsten Menschen, der je war. Dann wäre Krankheit immer noch Strafe; so nicht mehr, denn Jesus heilte ja. Dann wäre Hunger immer noch Schicksal; aber so nicht, denn Jesus speiste doch viele so gut er konnte. Dann stünde auf Ehebruch immer noch die Todesstrafe; aber Jesus brachte die Aufklärung: »Wer ohne Sünde ist, werfe den ersten Stein«. Dann stünden wir immer noch unter dem Diktat, uns die Liebe Gottes und das Seelenheil durch gute Werke verdienen zu müssen. So aber hat uns Jesus befreit zur herrlichen Freiheit der Kinder Gottes. Und ohne Jesus dächten wir immer noch konzentrisch: In der Mitte ich, dann Eltern, Partner, Kinder, Nachbarn, mein Dorf, mein Volk. So aber, mit Jesus, ist klar, wer mein Nächster ist. Mein Nächster ist, wer mich braucht. Rotes Kreuz und ADAC und Notarzt und Sozialhilfe sind alles Früchte von Jesu und Israels Wissen: Du sollt Gott lieben und deinen Nächsten wie dich selbst.

Sogar das Internet könnte eine späte Frucht dieses universalen Wissens sein: Wir gehören alle zueinander und alles Wissen gehört allen und alle Begabungen sind für alle da. Ostern besiegelt Jesu Gottes- und Menschenbild als gültig. Vor allem stellt Auferstehung klar: Wen Gott liebt, der ist gewiss unsterblich, der bleibt im guten Zusammenhang auch wenn der Leichnam wieder zu Erde wird. Wir sind unendlich mehr als Materie. Wir sind Gottes Gefährten, ewig gültig. Darum, weil Gott keinen für ungültig erklärt, ist Jesus auferstanden.

Die Trompeten des Lichts

Bunte Eier, üppige Sträuße, leckeres Essen, schöne Kleider, großer Spaziergang, freie Tage mit viel los – so schimmert uns Ostern. Aber unter der Oberfläche geht es um Leben und Tod. Ausgerufen ist der Schöpfung zweiter Teil. »Wär er nicht erstanden, so wär die Welt vergangen«, singt ein berühmtes Kirchenlied, auch in dem Gottesdienst in Ihrer Nähe, Ostersonntag, wohl zehn Uhr.

Bis vor Jesu Tod war der Tod der sichere Schluss des Lebens. Es gab zwar in verschiedenen Religionen schon Ahnungen von Totenreichen und Schattenexistenzen, bei den Ägyptern auch den Traum vom Aufstieg der goldenen Sonnenbarke. Aber im Ganzen galt: Lieber ein Hund auf Erden, als ein König im Hades. »Bei den Toten lobt man dich nicht, Gott.« So kommt nur Erde zu Erde und Asche zu Asche, bis zu Jesus.

Jesus ist der erste Mensch, der als auferstanden gilt. Er begründete eine Gemeinschaft der Lebenden und der Verstorbenen in einem Himmel, der bis auf die Erde reicht. »Das Reich Gottes«, sagte er zu seinen Jüngern, »ist mitten unter euch im Anbruch.« Damit ist ein Bleiben in der Liebe versprochen. Ohne verpflichtet zu sein auf dogmatisch zwingende Vorstellungen, bleiben wir in ewigem Gespräch gehalten. Was und wen Gott ins Leben rief, das ist unsterblich, der Lebensruf an uns wird niemals enden. Luther sagte es so: »Mit wem Gott einmal sprach, der ist gewiss unsterblich.«

Seit Jesus ist der Tod nicht mehr die Wand, vor die das Leben kracht und verlöscht. Er ist Tunnel in die Freude, ein Heilschlaf hinüber, wir werden verwandelt und vollendet. Jesu Sterben war ein »Sich der Liebe in die Arme werfen«. Er lebte in einer so engen Beziehung, dass er als Erster wusste (mit Worten des Paulus): »Nichts kann uns scheiden von der Liebe Gottes, weder Tod noch Leben, weder Engel, Mächte noch Gewalten, weder Gegenwärtiges noch Zukünftiges, weder Hohes noch Tiefes, noch irgendeine andere Kreatur.« Das wirft ein Licht über alles Enden hier. Alles Enden mündet wie alle Bäche und Flüsse im Ozean des Guten Ganzen. Und auch der Tod ist nur Kreatur, aus und in Gottes Hand.

Zweitausend Jahre Christentum haben Jesu Auferweckung »entsensationellt«. In unserer schwach religiös gefärbten Allgemeinbildung ist nur ein verdünntes Wissen geblieben, dass wir im Guten aufgehoben sein werden. Aber eine Zuversicht trägt uns mehr, als wir davon überzeugt sind. Irgendwie weiß es in uns: Leben ist keine Strafe, sondern Anlauf; Lieben hier ist Vorfreude, Tod befreit unsern Geist. Nicht Schattenland kommt auf uns zu, sondern Kraft und Herrlichkeit, intensivstes Lebendigsein.

Darum lasst uns mit unserer kleinen Freudekraft feiern. Unsere Verfeindungsenergie soll schrumpfen, unsere Befreundungslust soll wachsen. Stehen wir doch auf, machen ein Fest los, klein oder groß, ein Fest der Liebe und des Lachens. »Der Tod ist verschlungen in den Sieg« – das Wort, bläst die Schwachheit weg und Trompeten des Lichts erwecken uns auf. Fröhlich Ostern jedem.

1. Mai:
Das Erlebnis der Arbeit

»Ich bügelte drei Hemden, untersuchte sie auf Kniffe und hängte sie auf. Als ich das Bügeleisen ausgeschaltet und zusammen mit dem Bügelbrett wieder in den Flurschrank geräumt hatte, sah es in mir schon bedeutend ordentlicher aus.« Haruki Murakami notiert diese normale Empfindung gelungener Arbeit. Aber die intensivste Mitteilung von Glück aus Arbeit steht im Schöpfungsbericht: Gott stellt sechsmal fest, dass sein Werk gut war, und einmal sogar: »Siehe, es war sehr gut.« (Was nicht »perfekt« meint, sondern »gut für Weiteres«.)

Das Gegenteil von Glück aus Arbeit ist die Maloche. Milliarden Menschen brechen verdorrte Äcker mit dem Steinpflug auf, schleppen die Körbe Erde zur Terrassierung der Reispflanzung, karren kilometerweit Wasser. Kinder brennen Ziegel, nur um nicht zu verhungern.

Und wir hier dürfen arbeiten, um Zufriedenheit zu erleben. Natürlich springt auch Geld raus für Essen, Wohnen, Kleiden, Kindergroßziehen, Krankenkasse, Rente und hoffentlich für viele schöne Dinge.

Aber glücklich dran ist der, der gern zur Arbeit geht. Und der dem Himmel dankt, dass andere diese Arbeit gut belohnen. Glücklich, wer glatt dieselbe Arbeit auch gern täte, wenn er nur zwei Drittel dafür erlöste oder gar nichts. Es gibt pensionierte Pastoren, die einfach weiterarbeiten »just for fun«. Und so machen doch Altbauern weiter und Seniorchefinnen in den Familienbetrieben, und die Dichter sowieso und viele Künstler. Und Großmütter erziehen Enkel und werfen den Haushalt für die Kinder. Ganz viel Arbeit geschieht, einfach weil sie getan werden muss, und welche hören den Ruf und sagen ja und sind die Rettung. Ganz viel Dank ihnen.

Arbeit muss Spaß machen, sonst kann sie auf Dauer nicht gut bleiben. Natürlich hat jeder Beruf seine Routine, seine Durststrecken, seine Falltüren. Aber verhasste Arbeit ist unbezahlbar. Lehrer, die zittern vor dem neuen Schultag, Ärzte, die nur mit Weckaminen durchkommen, Taxifahrer, die zu oft rot sehen, müssen sich doch andere Arbeit suchen. Wenn sie eine gute Pizza backen und am Straßeneck sich ihre Gemeinde aufbauen, einfach weil's da lecker duftet und ein guter Schnack zu haben ist, dann dienen sie der Menschheit mehr und sind auch in sich selbst vergnügt.

Wie kann ich mich in meiner Arbeit verwirklichen, ist die Frage. Sonst verblödet man, wird zum Maschinenersatz. Jeder Mensch hat etwas, womit er Freude machen, jedenfalls nützen kann: Er kann schön machen oder einen Zug steuern, er kann servieren mit freundlichem Gesicht, kann einrichten oder beraten oder das Leben möglich machen – Dank den vielen Pflegenden! Jeder hat eine Gabe. Und manche können anderer Leute Gaben entdecken, fördern, einbinden. Feiern wir doch, am 1. Mai, dass wir uns gut sein können. Und die unter dem Nichtgebrauchtsein leiden, sollen es bald besser haben.

Ehre den Ehrenamtlichen

Ob im Sport oder bei der Feuerwehr, ob bei den Verbänden oder bei der Kirche – ohne Freiwillige existierten diese hilfreichen Einrichtungen überhaupt nicht. Ein Glück, dass wir sie haben; noch besser, wenn wir auch selbst ein Ehrenamt bekleiden. Aber welche Ehre ist richtig für die Ämter ohne Lohn? Bürden, Pflichten, Hilfsdienste delegiert man gern, zumal für umsonst, doch wo werden die Treuen liebevoll bedankt und mit Aufmerksamkeit bedacht? Wo sitzen sie vorn? Bekommen sie so viel Verantwortung und Mittel, wie sie Kompetenz und Gestaltungswillen haben? Wir brauchen noch viel mehr helfende Menschen, also auch mehr Ehre, mehr Achtung, mehr Aufmerksamkeit ihnen gegenüber.

Früher war die Familie stark, Blut hielt zu Blut, ansonsten musste man selbst mit allem fertig werden. Heute sind wir bedachter geworden, viel mehr Menschen sind für andere da, Hauptamtliche und freiwillig Helfende. Stundenlang halten sie sich wach bei der Telefonseelsorge, lindern und beraten. Trainer leiten die Lütten zum Fußball an und fahren mit ihnen zu Spielen über Land. Frauen und Männer der Gemeindevertretung suchen die am wenigsten ungerechte Lösungen für das gemeinsame Wohl, der Kirchenvorstand baut Gemeinde. Die den Seniorentreff und den Kartenklub vom Roten Kreuz ausrichten – sie alle schaffen Heimat. Und die den Elternbeirat bilden und die im Tierheim helfen und die Chöre zusammenhalten und und und. Dabei – manchmal haben die noch nicht mal einen Schlüssel vom Gemeindehaus, an Telefon- und Fahrgelderstattung wird nicht gedacht. Und den Bus haben längst die Hauptberuflichen sich für ihre Termine gesichert.

Doch die Ehrenamtlichen werden endlich eckiger und wissen um ihren Wert. »Mein Lohn ist, dass ich dienen darf« – diese falsche Bescheidenheit ist vorbei. Noch immer wird im Artikel der Heimatzeitung gern der Pastor abgelichet – schwarz steht ihm so gut. Aber die Verhältnisse müssen vom Kopf auf die Füße gestellt werden. Hauptamtlichen haben die Zuarbeitenden zu sein; diese Einsicht reift langsam bei Kirche und anderswo. Der wahre Beruf der Hauptamtlichen ist es, den freien Bürger in seiner Kompetenz zu stärken. Er soll seine Lust zur Nächstenliebe leben. Die Hauptberuflichen werden zukünftig entgolten für fachmännische Zuarbeit. Wasserträger sollen die in Lohn und Gehalt Stehenden sein. Aber die arbeiten aus Freude, aus Neigung, aus Gerechtigkeitssinn, aus Gemeinschaftslust, die sollen genau das tun, was ihnen Freude macht und was sie können, wann sie es wollen, zu ihren Bedingungen.

Anzubequemen haben sich die Bezahlten. Die Drecksarbeit, die Maloche, die unerbittliche Sicherung der Ordnung, das Gerüst fürs Funktionieren, das Regelmäßige sollen die Hauptamtlichen leisten gegen gutes Geld, sie haben keine Wahl. Ihre Qualität wird immer mehr gemessen werden am Talent, andere Menschen zum Mitmachen zu motivieren und sich selber überflüssig zu machen. Es darf nicht darum gehen, Bezahlte gegen Unbezahlte auszutauschen. Ist das gesichert, dann werden Gelder, Wissen, Übersicht und Erfolg immer besser geteilt. Das ist die richtige Ehre.

Sonntag Rogate: Betet!

»Glauben Sie an Gott?«, fragte der Interviewer. Und der Gefragte sagte: Nein. Und wann haben Sie zuletzt gebetet? Gestern. Beide Antworten klaffen auseinander. Und doch bilden sie getreulich unsere zwei Seiten ab: Wir leben auf eigene Faust und müssen auf gute Mächte vertrauen. Wir müssen klar navigieren und brauchen doch die Zuversicht, heute durch den Tag zu kommen, weil getragen, behütet.

Beten ist so etwas wie Atmen der Seele, ein Menschheitsbedürfnis. Etwas in mir redet über mich hinaus. Man muss kein klares Gottesbild haben, muss keine Gebete kennen, und doch reden wir mit so was wie dem Urheber von allem. Ja, wir wissen die leeren Räume in endlosen Zonen. Wir wissen auch das Schweigen auf unsere Fragen: Warum ich? Warum so viel Leid? Und dennoch müssen wir Menschen klagen und jubeln, schreien und jauchzen, und Schmerz und Freude schießen himmelan. Uns genügt bei der Geburt unseres Kindes nicht der Dank an die Hebamme; so hilfreich sie war, zielt doch unser Dank weit über alle Welt.

Andrerseits genügt uns auch nicht das Schuldanerkenntnis des unachtsamen Autofahrers, wenn ein geliebter Mensch zu Schaden kam. Wir rufen nach höherer Haftung, nach tieferem Sinn. Als letzte Adresse für unser Glück und Leid genügen uns nicht Befunde. Wir brauchen Zusammenhang, sonst werden wir zu Spreu.

Beten nun wahrt den Zusammenhang. Wir weinen uns in Gott, summen uns das Gute Ganze vor. Nicht, dass wir einen außerirdischen »Weißen Riesen« für uns tätig sehen. Es kann nicht darum gehen, eine höhere Macht zu beknien. Sondern wir beten uns vor eine letzte Instanz hin; wir setzen darauf, dass die Welt von Liebe angetrieben und durchdrungen ist. Betend prüfen wir unsere Wünsche und Absichten, ob sie stimmen in einem Ganzen.

»Bete und arbeite« ist eine kluge Regel. Sie hält uns in der Schwebe des Lebendigen. Sie hält uns an: Bedenke, bevor du denkst (Stanislaw Jerzy Lec). Erst reflektiere deine Begabungen, deine Rolle im Getriebe, deinen Auftrag, dein Wohin-Gehören und Wem-Gehören. Dann denke, was daraus folgt. Dann, nach Dank und Ortsbestimmung, tu Deins und leiste den nötigen Dienst und bück dich und widme dich dem Wirklichen.

Um nicht in Versuchung zu fallen, sich ins Geborgensein zurückzulehnen: »Bete; aber fahre fort, ans andere Ufer zu rudern.« Unsere Kräfte sind ja Bestandteil von Gottes Energiehaushalt, wir müssen uns ranhalten. Wie kann Gott den Hunger in der Welt zulassen – das zu fragen ist infam – weil ja Gott nicht zulässt, sondern erleidet. Wir mit unseren Privilegien lassen doch verhungern, wir lassen zu. So manches Gebet sollte uns im Halse stecken bleiben. Aber jedes bewusste Ausatmen, jedes Lächeln, Streicheln, Teilen ist auch Dank. Jedes Seufzen will erhört sein. Dass Gott hört, ist schon Erhören.

Muttertag ist mehr als ein schön gedeckter Tisch

Mutterglück ist das Glück der Mütter, wenn die Kinder im Bett sind. Diese kleine Schote durchkreuzt alle Lobgesänge aufs Mutterglück, vielleicht ist es nur Gluttermück – den Eintagsglorienschein haben sich die Frauen schon lange verbeten, einmal das Frühstück ans Bett und die obligate Pralinenpackung – das geht schon lange nicht mehr. Und doch hält sich der Muttertag hartnäckig, bittet um Eigenfüllung. Wie das Thema Arbeit nicht mit dem 1. Mai abgetan ist, so verlangt »Mutter« als Thema mehr als den einmalig schön gedeckten Tisch. Aber am Tisch können Haken eingeschlagen werden für künftig. Lasst uns doch beraten, wie wir es besser machen können, mit Mutter und für sie. Sie ist ein starkes Wesen, sie ist die Mitte eines warmen oder auch bedrohten Lebenskreises. Mit ihrem Glück steht und fällt das Gelingen von Familie.

Sicher sind auch Väter wichtig, als Mitversorger oder als Beschaffer, als Gegengewicht, als hilfreicher Part in der Entwicklung – an dem man Verlässlichkeit, Struktur, Sachverhalte lernen kann, auch das Indianerspiel und mal klare Worte zum Lernen als Beruf der Kinder; auch muss man ja ein erstes Bild empfangen, was Mann sein kann, und wie man mit Mutter ein Paar bildet, das sich immer wieder einig wird ohne Krieg.

Aber Mutter ist Schicksal. Sie trägt uns in die Welt. Ihr Wesen ist uns Heimat. Sie flüstert uns die Muttersprache. Sie behütet und tröstet, sie erzählt die heilenden Geschichten vom lieben Gott; sie wacht, wenn wir krank sind. Sie weint beim ersten Gang zum Kindergarten oder zur Schule. Sie geht treuer zu Elternabenden. Sicher ist sie auch gefährdet, ihr Söhnchen vorzuziehen und der Prinz wird zeitlebens meinen, ihm stünde Bevorzugung zu. Doch Mütter weisen uns in das Lieben ein, sie haben mehr Erbarmen, sie schützen das Schwache, sie halten sich mehr hin. Frauen haben in Sachen Durchsetzungsvermögen aufgeholt. Aber wer tritt denn zu Gunsten der Familie mehr zurück? Darüber lasst uns reden, wie auch Mutter ihr Glück machen kann. Klären wir eine gerechtere Verteilung der Pflichten. Es kann nicht sein, dass Mutter Dienstmagd aller ist. Sie soll auch Ruhe haben, wenn die andern ruhen. Soll sie wieder ihr Studium oder ihren Beruf aufnehmen, soll sie ins Ehrenamt gehen oder ihre Sportgruppe finden, wenn sie es will. Dann muss eben eine Hilfe im Haushalt angestellt werden, wenn die Familie keine faire Arbeitsaufteilung schafft.

Die Engel von heute sind die Alleinerziehenden, allermeist Frauen, oft sitzen gelassen von Männchen, die sich aus der Verantwortung stehlen. Allein erziehen heißt, die Pflichten schultern, die eigentlich für zwei gedacht sind. Wie nicht zerrieben werden zwischen Haushalt und Job, Beaufsichtigen und Fürsorgen? Wie noch einen Hauch Eigenleben sichern? Wenigstens Anerkennung steht ihnen zu und nachbarliche Hilfe. Engel mit nur einem Flügel hätten gern einen zweiten.

Himmelfahrt – Pfingsten

Himmelfahrt ist nicht als Ereignis neben Ostern greifbar – es ist ein gegriffener Termin vom Evangelisten Lukas, der das Ende der Erscheinungen des Auferstandenen fixiert. Pfingsten bezeichnet den Geburtstag der Kirche: Der Auferstandene Christus lebt – auch als Körperschaft der Kirche; Kirche – eine Verkörperung des Christus. Jedenfalls gute Zeit, um Kirche näherzutreten: Ein Ständchen für die Kirche!

Pfingsten ist nicht nur für Oldtimer-Rallies gut. Pfingsten feiert Kirche Geburtstag, und hoffentlich feiern die Zeitgenossen mit. Geburtstagskinder, wenn sie gut dran sind, bekommen gesungen: »Wir freuen uns, dass du geboren bist.« Auch Kirche bekäme gern zu hören: Gut, dass du da bist.

Die Substanz von Kirche ist ja hochwichtig. Sie macht Leben aushaltbar und verheißungsvoll. Schon am Tag ihrer Geburt lag offen zutage, was Kirche treibt. Die Apostelgeschichte berichtet: Kurz nach Jesu Tod und Auferstehen waren an die fünfhundert Menschen versammelt. Sie hörten die Jünger über die großen Taten Gottes reden, einen jeden in seiner Sprache. Die passende Bildsprache für dies Verstehenswunder lieferte Flammen auf allen Häuptern.

Die großen Taten Gottes zu hören bekommen in meiner Sprache, das ist das Wesen von Kirche. Damit ist Glanz und Elend und Unverzichtbarkeit dieser Einrichtung im Blick. Wer benennt denn dich als von weither gewollt, als Schöpfungswerk ganz eigener Art, wer preist dich als große Tat

Gottes? Die Kirche adelt mit der Taufe das Kind als geliebt-gewollt vom Herz der Welt. Glanzvoll ist auch, wie der Mensch von Anfang an in die Pflicht genommen ist für den Garten Eden – bebauen und bewahren soll er ihn – das steht auf Seite zwei der Bibel. Zu Gottes großen Taten zählt auch der Jesus-Mustermensch, wie auch wir gedacht sind: beziehungsreich zu Gott und Kreatur und Mitmensch. Und lebenswichtig ist auch, dass Kirche ansagt: Der Heilige ist in der Welt, wird Materie. Er lässt das Böse nicht zu, sondern unterzieht sich ihm und trägt es ab im Laufe der Zeit. So hat die Welt im Kern ein Gott-Potenzial, wir haben Zukunft auch durch den Tod hindurch.

Das Elend des Christentums ist damit auch am Tag: Wie viele Mitläufer, wie wenig Märtyrer hatte Kirche unter Hitler und heute. Wie lieblos-kraftlos sind viele Pastoren. Können wir miteinander nicht seelsorgerlicher, sorgsamer sein? Was die Kirche sagt, wird erst Wahrheit durch das Anerkennen. »Amen – so ist es«, sagt eigentlich nicht der Predigende, sondern die Gemeinde, die Recht und Pflicht hat, die Predigt zu beurteilen.

Unverzichtbar ist Kirche allemal. Schon damit wir nicht das Warenhaus zur Kirche, den Konsum zum Gottesdienst machen; letztlich, damit wir nicht Sterbliches als Gott anrufen. Mag man auch eher nicht zur Kirche gehen – dass da jeden Tag, jeden Sonntag jedenfalls, auseinander gehalten wird: Gut und Böse, Lebenstiftendes und Vergiftendes, Gott und Abgott, und dass Menschen für alle mit beten: Vater unser…dein ist die Herrlichkeit – das lässt Leben aushalten. Also, mal ein Ständchen für die Kirche, am besten durch Hingehen dargebracht.

Pfingsten macht, dass ich aus dem Herzen sprechen kann

Pfingsten singt es in allen Kirchen: »O komm, du Geist der Wahrheit, und kehre bei uns ein, verbreite Licht und Klarheit, verbanne Trug und Schein. Gieß aus dein heilig Feuer, rühr Herz und Lippen an...« So geht es sieben starke Strophen lang. Klar, dass wir Heiligen Geist brauchen, den Stoff, der das Verstehen schafft, der uns in alle Wahrheit leitet. Wir müssen diese Kraft auch wollen; es ist die Kraft, die uns mitempfinden lässt, »die nicht mit einem unbedeutenden Spruch kommt, wenn ich aus dem Herzen spreche« (Goethe).

Wahrheit ist Sagen, Wissen, Beschweigen, was ist. Das ist was anderes als Vaters Befehl: »Sag die Wahrheit!« – da geht es um Tatsachen: »Hast du das Geld genommen oder nicht?« Doch als der Lehrer höhnisch fragte: »Sag mal, Alex, hat dein Vater heute Morgen wieder betrunken im Hauseingang gelegen?« Da ging es um Ehre und Achtung und Kindesliebe. Und Alex sagte cool: »Nicht, dass ich wüsste«, und der Lehrer verstand, dass der Junge mehr in der Wahrheit der Liebe war, als er mit seinem entlarvenden Fragen. Die Wahrheit ist »der Glanz des Notwendigen« (Dávila). Der Junge merkt, dass sein Vater Schutz braucht vor Verachtung. Was notwendig ist, geht aus der Wirklichkeit hervor, wenn man sie als Stoff Gottes nimmt, in dem das Heilige gerade hier und jetzt da ist. Nehme ich die Realität als Erscheinung Gottes, nehme ich sie als Anrede Gottes an mich. Und wie ich das Reale nutze und was ich aus der Realität mache, ist meine Antwort an Gott. Ob eine Antwort in der Wahrheit ist, kommt darauf an, ob ich vom Glanz des Notwendigen erleuchtet werde; oder durch Meinungen, wie etwas zu sein habe, an die Kandare genommen bin. In der Wahrheit tue ich, was ich wirklich tun will, und sage, was von meinem Tun gedeckt ist, und tue, was ich sage.

Aber die Wahrheit ist kein Kristall, den wir in die Tasche stecken und haben können, sondern eine Flüssigkeit, die uns umfängt (Musil), die uns trägt, sie ist ein Zugehörwissen. In diesem ist mir der nötige Bissen Brot schon zugetragen. Nenn es Engel oder Wunder: Du wirst gesättigt werden, du wirst nicht verhungern, bitte, sag offen deine Not.

Es gibt verschiedene Einschätzungen von dem, was ist. Das Leben ist so sonderbar, so vieldeutig, so auslegungsbedürftig wie ein biblischer Text. Und jede Ansicht gibt nur einen Blick auf die Wirklichkeit wieder. Man kann sogar sagen: Jeder hat seine Wahrheit, aber muss wissen, dass sie nur ein Splitter ist. Wenn wir als Paar, als Team, als Gruppe, als Nation einig werden wollen, müssen wir unsere Teilwahrheiten zusammenlegen. Und das zu können, ist Pfingsten. Letztlich ist es wohl so: »Wir sehen hier wie in einem beschlagenen Spiegel nur ein dunkles Bild, dann aber werden wir sehen, wie wir von immer her erkannt und gemeint sind«, ein riesiges Wort des Paulus. Möge das Licht der Liebe nach und nach über dem Ganzen aufgehen. Bis dahin können wir schon mal uns daran halten: Die Liebe verträgt Wahrheit.

Du nimmst so viel aus dem Glauben – stärke die Kirche

Die sozialen Einrichtungen der Kirche sind wichtig. Aber noch viel wichtiger ist der Stoff aus dem die Nächstenliebe ist. Da ist die Kompetenz der Kirche unersetzlich. Kirche schützt den Boden, aus dem die soziale Verpflichtung füreinander quillt. Kirche ist nicht die Liebe, aber sie hütet das Wissen vom Quellgrund der Liebe. Dass Gott, der Grund des Seins, Liebe ist und nicht explodierende Natur, das ist der Grund für humanes Denken.

Auch wenn wir tausendmal uns aneinander vergehen, bleibt die Menschenwürde unantastbar. Wir machen die Liebe nicht, bestenfalls gehen wir der Liebe an die Hand, wir Erfindungen Gottes. Die Humanität ohne jüdisch-christliche Wurzel ist eine abgeschnittene Blume. Wir müssen uns wissen als einen Hauch vom Atem der Welt; ich, du – ein Stück der Bejahekraft des Alls, das macht unsere Würde.

Einander zu bestärken, dass Gott, die Liebe, uns will und braucht, dazu ist Kirche da. Kirche weiht in das religiöse Wissen der Menschheit ein, erzählt die Bilder des Heils. Die Taufe sagt dem Neugeborenen zu: Gut, dass Du da bist, einzigartig, wunderbar, nicht wegen irgendwelcher Zwecke. Und Kirche traut Menschen, erklärt sie einander von Gott anvertraut (und zugemutet).

Weder kann man ernsthaft Kinder wollen auf eigene Rechnung, noch eine Ehe schließen auf Verdacht. Für Kinder müssen wir uns berufen wissen vom Leben, und bei der Trauung muss ich die Ehe wollen, mindestens bis dass der

Tod sie scheidet; sonst sollte man sich loslassen für die / den Richtigen. Und zu Grabe kommt, was sterblich ist an uns, wir aber gehen auf große Fahrt, werden heimgeholt ins »Haus von Licht«. Darum hat jeder Abgelebte ein Recht auf einen liebevollen Nachruf und die Zurückbleibenden brauchen ein Gebet, sonst fällt doch alles auseinander.

Aber wer sagt es uns, wer bürgt dafür, wer weiß die Belege aus dem Frömmigkeitsschatz der Menschheit? Wer besorgt die Sonn- und Feiertage, wer hütet den Herd der Gewissheit und des Trostes, wer hört zu und stiftet zu Geselligkeit und Hilfe an im Quartier, wenn nicht Kirche und seine Hüter und Hirtinnen?

Du kannst nicht selbst Kirche sein, du kannst auch nicht deine eigene Sprache haben. Du nimmst so viel aus dem Schatz des christlichen Glaubens, dann stärke auch die Kirche. Kirchensteuer ist dabei das Wenigste, ist ja nur das Minimum, was ich als Christ fairerweise sonntags in die Kollekte geben müsste, wo doch alles nur anvertrautes Gut ist. Die Kirchensteuer sparen ist letztlich doch nur für die Nachkommen; die aber haben mehr davon, wenn sie intakte Kirche erben, damit auch sie noch Humus für ihre Humanität haben.

Und noch eins: Atheist könnte ich nie sein, dazu bin ich viel zu skeptisch. Wäre ich's aber, würde ich doch Kirche mittragen, wie ich auch für Oper und Sternwarten Steuern zahle, obwohl ich nicht hingehe. Zumindest hütet Kirche was, was schön wär, wenn's stimmt.

Die Freiheit des Reisens – Dem Fremden sich nähern

Mal loskommen von Zuhause, das Gewohnte zurücklassen, neue Wege gehen – eine Sorte Glück ist Reisen, wenn sie nicht aus Zwang geschehen. Natürlich ist Heimat das A und O – vielleicht sogar ist Wiederkommen das Ziel aller Reisen, nicht nur bei Raumfahrten zum Mond. Aber auf dem Weg sein, des Weges sein, ist Genuss ganz eigener Art. Von »Deutschland zu Fuß« bis zur Weltreise per Einhandsegler oder Luxusschiff – das eine Mal ergeht man sich das Land fast umsonst, manchmal auch Anhalter spielend; das andere Mal kämpft man mit Wind und Wellen und Durst oder hat das luxuriöse Hotel bei sich, in dem man von den behüteten Landgängen abends gern ins eigene Bett fällt. Dazwischen gibt es noch alle Sorten von Flug- und Bahn- und Auto-, Rad- und andere Touren.

Millionen Menschen stehen im Dienst der Reisenden; haben davon ihr Auskommen, dass andere mit ihrem Gesparten sich in die Welt aufmachen. Und Beute heimbringen wollen: Erholung oder Wissen oder Erkenntnis oder Thrill – den Rausch des Abenteuers. Wir wollen Neues sehen, uns Fernem nähern, Fremdem uns befreunden.

Wie oft hat man die Pyramiden schon abgebildet gesehen und dann steht man vor den mächtigsten Steinbauten der Menschheit, entdeckt sich als Erbe und Nachkomme auch dieser Kultur. Und erschrickt beim Gedanken, selbst Erblasser und Vorfahr anderen zu sein – aber doch mit welch leeren Händen? Oder man steht in der Sixtinischen Kapelle in

Rom, vor dem Bild, das wie kein anderes unser Weltbild geformt hat: Gottvater, in einem Arm die staunend-skeptische Eva, die andere Hand berührt Adam, auf dass er aus dem Staube sich erhebe zum strahlenden Gegenüber Gottes. Oder man geht in die Wüste, vertraut sich der Gastfreundschaft der Tuaregs an, und kann sich nicht satt sehen am Diamantenteppich des Himmels. Oder fliegt nach Indien und übt am Fluss Ganga Sterbebereitschaft. Oder sieht in Island die Erde köcheln, wie zart ist die dünne Erdhaut, welch Wunder der feste Boden unter den Füßen. Oder Kinder in Fetzen, in plastikmüllverseuchten Orten. Man fährt in die große, weite Welt oder ins kleine »Welt«, PLZ 25836 – wichtig, ist, dass man Gewinn für Innen mitbringt.

Ja, finde Orte und Gegenden, die einen Zauber haben, die erfahrbar machen dir Gedanken anderer Menschen und anderer Zeiten. Suche Orte, die zu dir sprechen, »die dich ausmachen«. Fremde Weltgegenden könnten dich wieder freundlich von Menschen denken lassen, denn du triffst auf beschämende Gastfreundschaft. Und wie auf Reisen die Zeit anders fließt, so bist du endlich gern, wo du gerade bist, und kannst sein, kannst endlich mal du selbst sein. Wie nah kann man sich kommen, als Passagiere für wenige Tage zusammengewürfelt. Und überrascht bist du von dir selbst, weil du genommen wirst ohne Vorherwissen, ohne Vorbehalt – zu Hause ist man doch immer der schon Bekannte. Draußen aber ist man, wie man gerade erscheint. Vor allem: Wie schön ist diese Erde, wie wunder-wunderschön.

Erntedank steht uns gut an

Als noch Hagelschlag, Mehltau, Kartoffelkäferplagen echten Hunger auslösten, weitreichend und tödlich, da war reiche Ernte eine Gnade. Und man trat vor den geschmückten Altar mit inniger Dankbarkeit, gab auch einen Sack Korn ab oder den Gegenwert eines halben Schweins. Man sang aus voller Kehle: »Wir pflügen und wir streuen, den Samen auf das Land; doch Wachstum und Gedeihen, steht in des Himmels Hand.« Und traumhaft dann weiter: »Der tut mit leisem Wehen sich still und heimlich auf und träuft, wenn heim wir gehen, Wuchs und Gedeihen drauf.« Wir wissen heute viel von der Machart des Wunders, Fachleute können das Träufeln nachahmen, welches Wuchs und Frucht gedeihen lassen. Über das ganze Jahr sind bei uns Obst und Gemüse zu haben – und wenn wir Erdbeeren aus Israel und Weintrauben aus Südafrika einfliegen lassen. Die Damen und Herren von der Agrartechnik und der Lebensmittelchemie und der Transportlogistik lassen ihr Können zusammenfließen und beschaffen uns Zahlungskräftigen Zugriff auf die Ernten allüberall.

Eigentlich haben wir noch mehr Grund zu danken als unsere Vorfahren. Denn alle zehn Jahre verdoppelt sich das Wissen von der Natur, und je mehr einer weiß, desto mehr hat er Grund zum Staunen über das unerschöpfbare Wunder, welches das Leben darstellt. Erntedank kommt jedem denkenden Menschen wie von selbst in den Sinn bei jedem bewusst genossenem Bissen Brot.

Am ersten Sonntag im Oktober feiert Kirche Erntedank mit festlich geschmücktem Altar. Es ist auch für dich getan wie das Vaterunsergebet: »Unser tägliches Brot gib uns heute«. Du wirst einverstanden sein mit der gemeinsamen Bitte und dem festlichen Dank. Denn auch dir ist dein Sattgewordensein übers Jahr erstaunlich und unverdient. Und auch du drückst ein Stück Güte ab für Welthungerhilfe oder »Brot für die Welt« – doch – denk nicht schlecht von dir. Du gingst doch durch reife Felder, du schrittest unter überquellenden Pflaumenbäumen, du aßest dich satt an Kirschen oder Brombeeren, du hast den Duft des üppigen Gelingens des Lebens noch in der Nase, deine Augen haben die gelben Sonnenblumen und die tizianroten Dahlien noch auf der Netzhaut.

Du kennst von weither noch Psalm 23, vom guten Hirten: »Er bereitet mir einen Tisch im Angesicht der Feinde…, er schenket mir voll ein.« Das steht uns gut an, einmal im Jahr sehr deutlich und festlich uns zu bedanken beim Vatermutter-Hintergrund des Daseins; dass wir einen Tisch hatten, der gedeckt war. Du konntest dich und andere ernähren, du brachtest Beute mit nach Hause. Du konntest anderen so nützen, dass sie dir auch nützten. Und dies im Angesicht auch feindlicher, schwieriger, schädlicher Beigaben, die auch zu dir gehören. Wieder ein Jahr hindurchgetragen, ernährt, erhalten, gerettet. Wink einen Dank in Richtung Gott oder wie du ihn nennst, den ewiggültigen Betreiber des Lebens.

Katholiken, macht es gut!

Wenn ich nicht evangelisch wäre, wäre ich wohl katholisch. Es ist ja viel Erbe dabei und wenig eigene Entscheidung. Je südlicher geboren, um so wahrscheinlicher römisch-katholisch – nur weil der Retter der Reformation, Gustav-Adolf, aus Schweden, also von Norden, kam.

Wir haben viel Gemeinsames. Wir haben ja die Bibel, wenn auch die körnige Luthersprache mehr zupackt als die schlichte Universal-Übersetzung. Gemeinsam haben wir die tragenden Glaubensbekenntnisse, das Vaterunser, die Ahnung einer Weltfamilie, die Auferstehungshoffnung. Gemeinsam haben wir ein ethisches Netz; die Zehn Gebote und das Gebot der Nächstenliebe halten uns in beiden Konfessionen.

Verschieden sind unsere Vorstellungen von Kirche. Einer hat mal gesagt: Für Katholiken entscheidet sich das Verhältnis zu Gott an der Haltung zur Kirche; bei den Protestanten ist es umgekehrt. Für Protestanten ist Kirche nicht so wichtig. Sie haben »ohne irdischen Zwischenhandel« den direkten Draht, meinen sie. Gut, wenn das der Fall ist, aber wenn nicht, dann ist man als Evangelischer ziemlich allein mit seinem Gewissen. Man muss schon eine Art Begeisterung zu Jesus haben, muss aus dessen Geschichten und Worten sich ein Heimatgefühl ziehen, sonst ist man einsam. Katholiken haben eine große heilige Familie um sich – heiliggesprochene Frauen und Männer bilden ein Team, das zur Rettung unserer Seelen im Dienst stehen soll. Diese Fürbitter bei Gott, vorneweg der Christus, bilden den Schatz der Kirche. Darum ist sie so kostbar, weil sonst das Einzelmenschlein allein dasteht in den Ängsten (die oft erst von der katholischen Erziehung geschürt sind).

Die Katholische Kirche inszeniert den Tod Christi in der Eucharistie jeweils neu und bringt das Opfer des Sohnes dem Vater immer wieder dar. Dieser erlässt dann die Sünden um der Liebe Christi willen. Bei uns Evangelischen versöhnt Gott die Welt mit sich selbst. Gott bittet uns, seiner Liebe zu vertrauen, so klar und einfach ist das.

Für Protestanten ist Kirche das Gefäß der Glaubensschätze, die weit darüber und auch jenseits davon sprudeln. Auch das Abendmahl ist eher Mahl der Freunde Jesu, ist Energie für den Alltag, auch Pfand für Vergebung: In der Gemeinde erbaut sich der Leib Christi immer wieder, wir werden einander Brot und Wein.

Die Evangelische Kirche hat viele Meinungen und Grüppchen und Kirchlein in sich. Das ist Reichtum und Schwäche zugleich. Die römisch-katholische Kirche hat andere Defizite: Die Diktatur des Zölibats, die Männerdominanz, die Missachtung des persönlichen Gewissens – sagte doch eben ein Kardinal: Wer weiter Schwangerschaftsberatung mit offener Entscheidung wolle, der habe ein objektiv falsches Gewissen! Ja, mit Bruder Papst als unfehlbarer Lehrautorität ist das schlüssig. Aber ein Mensch als Hort der Wahrheit – das geht nicht, das ist zuviel der Ehre, sagt da der Protestant. Und bestaunt schon mal die prächtig inszenierten Hochämter, aber freut sich doch an freisprechenden, fröhlichen Gottesdiensten, wenn sie denn gelingen. Vielleicht helfen Kirchentage weiter, sie sind schon fast Familientreffen.

Freude im November

Ja, die Tage werden kürzer; aber dafür die Abende länger, und was kann man darin nicht alles Wunderbare anstellen. Kerzen, die kleinen Sonnen kommen jetzt zu Ehren.

Die Bäume haben ihre Blätter verloren, doch das schafft mehr Sicht. Kein zusätzlicher freier Tag zwar im November nach Streichung des Bußtages – wer war groß genug für diese Entscheidung? – dafür jedoch kommt Weihnachten mit Macht. Ja, Besuche auf dem Friedhof sind dran, wo spürt man sonst: Ein Glück, wir sind noch da! Kein Flanieren mehr unter Linden, dafür lass vernachlässigte Freundschaft aufleben. Keine Würstchen vom Grill und leicht herübergebetene Nachbarn, aber konzentrierte Gespräche bei gediegenem Mahl, mal. Kein Frühkonzert, aber wieder einen Gottesdienst mitfeiern. Kein Bad im Freien, aber das Hallenbad mit den herrlichen Massagestrahlen neu entdecken. Kein Sitzen im Garten, aber mal wieder im Museum Schönes sehen, das in die Seele dringt. Kein leichter Sonnenteint, doch ein verzaubernder Theaterabend oder mal wieder ein Roman, als hätte man noch ein paralleles Leben.

Weniger Geld, aber nicht zwingend auch weniger Lebensqualität. Endlich den Sprung schaffen, die zu große Wohnung aufzugeben und sich kleiner zu setzen. Oder einem Studenten, einer Studentin eine Bude einräumen – es könnte der Anfang einer wunderbaren Freundschaft werden. Arbeitslos sein ist bitter. Und doch vielleicht jetzt das abgebrochene Studium wieder aufnehmen oder das Hobby wieder funkeln lassen oder endlich den Schrebergarten erwerben oder das Ehrenamt antreten.

Vielleicht weniger Sicherheit, aber mehr Chancen, du selbst zu werden; leg doch zu an Kompetenz und Weisheit, wer weiß. Weniger Farben draußen, doch dein Inneres entdecke als farbenfroh – mit jedem Mitmensch bist du selbst ein anderer, mit einem geliebten Menschen legst du neue Landstriche in deiner Seele an. Allein ein Kind in deiner Nähe heranwachsen sehen lässt dich dein Kindsein wiederholen und Mängel wettmachen. Deine Erlebnisbeschränkung überwinde.

Mensch, werde pessimismusresistent, widerstehe niederdrückenden Nachrichten mit freundlichem Gesicht. Wer klagt, den lade auf einen Kaffee, und lass ihn klagen, er braucht keinen Rat, er braucht ein Ohr; bald hast du ihm ein Stück weitergeholfen. Und kräftezehrende Illusionen baue ab; anerkenne, was ist. Will keine Benebelung mehr; gerade wenn es draußen fahl ist, kann dir innere Erleuchtung werden.

Wir sind in schwierigen Zeiten, mach deine Sache gut, den Rest überlass den Zuständigen. »Woran mir nichts gelegen, da unterlasse ich alles Nachgrübeln« – so der große Goethe. Versag dir keine Lust. Dass sie nicht mit ander Leuts Leid erkauft sein darf, versteht sich. Küss die Freude, wie sie dir zufliegt, setz dich Überraschungen aus. Wir brauchen wohl das Leben nicht verstehen, sondern es reicht, uns darin zurechtzufinden – die Nase in Richtung Freude. Übrigens, verschenkte Blumen tun im November besonders gut.

Vieles ist aus

11.9.01 – Ungeheuerlich, wie viel zerstörerische Energie losgelassen ist. So viel Gräuel ist bewusst herbeigeführt, damit das normale Leben erstarre. Die Zehntausend, die mit drei, vier gezielten Schlägen ausgelöscht wurden, waren alle einzelne Menschen mit genauso viel Lust zu leben wie wir, die wir fassungslos die Bilder des Grauens anstarren, wieder und wieder. Und unsere Kinder oder Enkel oder uns selbst, die wir jetzt das lesen, hätte es ebenso treffen können, die wir auch mal fliegen oder im Büro sitzen oder flanieren oder einfach unsere Arbeit tun. Sie wurden zu Geiseln genommen, zu Rammböcken verdinglicht, wurden zu Pulver und Asche zermalmt, willkürlich, ohne irgendeine persönliche Beteiligung am Unrecht in der Welt.

Das ist ein Anschlag auf das schlichte Leben von Millionen Menschen. Das humane Zusammenwirken von Handel und Verkehr ist schwer beschädigt, die menschliche Gesellschaft ist in Angst und Schrecken, Bindungen sind zerrissen, Hoffnungen zerstört. Vieles ist aus. Weltuntergangsahnungen fallen über uns ein. Das Böse in der Welt hat ein neues, entsetzliches Bild – die Türme des Welthandels werden zum Einsturz gebracht von todessüchtigen Gerichtsvollziehern. Unsäglich ist der Schmerz um die Toten und Verletzten. Kann sein, dass die ohnmächtige Wut in den von Israel besetzten Gebieten Palästinas oder Tschetscheniens sich aufbäumt zu diesem Verbrechen. Die Menschheit wird noch einmal mehr sich mühen müssen um eine bessere Gerechtigkeit. Dass jeder fünfte Mensch am Verhungern ist, und wir Übrigen mehr wegwerfen, als sie brauchen würden, ist mit der Zündstoff dieser Menschheitskatastrophe. Wir Privilegierten der Menschheit werden auf Vorteile und Vorrechte verzichten lernen zu Gunsten von Frieden, der unteilbar ist oder nicht ist. Wo ist da Gott? fragen viele. Christus sagt: »Was ihr getan habt meinen geringsten Brüdern und Schwestern, das habt ihr mir getan.« Was wir einander und der Schöpfung insgesamt antun an Freude und Leid, das fühlt das Herz der Welt mit. Darum flucht und segnet nicht ein Zeus über den Wolken, sondern wir sind eingehüllt in ein gutes Ganzes. Gott trägt die Gegensätze der Welt in sich aus, er geht schwanger mit seiner Welt, bis alles heil ist. Dann erst werden abgewischt sein die Tränen von unsern Augen, und kein Leid und keine Trennung wird mehr sein, sondern Friede.

Jetzt ist noch Werdezeit, noch uns Menschen anvertraute Frist, das Zusammenleben zu gestalten. Noch ist es unsere Sache, Gerechtigkeit zu bauen. Luther sagte einmal: »Was ihr nicht um Christus willen tut, das fordert euch die Zeit mit Wucherzinsen ab.« Mit dem 11. September 2001 könnte eine neue Zeitrechnung beginnen, die Zeit des Teilens und Versöhnens. Uns bleibt doch nichts als zu lieben auf irdische und unvollkommene Weise. Und dabei im Gespräch sein mit dem Herz der Welt. Beten wir zu ihm, auch wenn wir keine Worte finden. Wir brauchen diese letzte Adresse für Dank und Klage, um Mensch zu sein: Gott weiß. Daraus ziehe, wer kann, Trost und Kraft, mehr Liebe in die Welt zu setzen. Jeder tue, was ihm vor der Hand ist, tue Seins. Und liebe und weine. Doch, bitte.

Unermessliche Traurigkeit

Oktober 2001 – Mit großer öffentlicher Teilnahme trug man zu Grabe, was sterblich war an Jakob von Metzler. Elf Jahre durfte er werden. Dann hat ein Bekannter der Familie ihn umgebracht. Der war in dem Wahn, sich mit erpresstem Blutgeld ein sorgenfreies Leben beschaffen zu können.

Unermesslich traurig ist der wohl lautlose Schrei des Jakob gewesen, voll Bangigkeit, nicht mehr leben, lieben, lachen zu dürfen; dieses verzweifelte Wünschen, es müsse doch ein Wunder geschehen, dann das Gefühl, verloren zu gehen. Auch er schrie den Schrei aller, die von hier weggerissen werden: »Mein Gott, hast du mich verlassen?« Und doch, er soll gemerkt haben, wie der Menschheit ganzer Jammer von ihm abfiel und er aufgehoben wurde ins glückliche Anderland.

Unermesslich traurig sind die Eltern. Sie konnten nicht helfen, sie haben allein lassen müssen – wie zerreißt das und bohrt in ihnen weiter. Warum hat man ihn nicht finden können, warum hat sich nicht genügend Skepsis vorher aufgetan? Diese unermessliche Traurigkeit, sein Liebstes nicht mehr bei sich zu haben, nicht mehr den Sohn geleiten zu können ins komplizierte Erwachsenenleben, ihn nicht mehr groß werden zu sehen, und darum dann auch leichten Herzens alt werden zu können. Seine Sachen, sein Zimmer, sein Platz am Familientisch – die Leere wird lange bleiben, bis die Zeit sie aus dem Mittelpunkt rückt.

Unermesslich traurig sind seine Kameraden. Mitten in ihr recht verlässliches Leben bricht die Hölle ein. Eben hat man noch gelacht, schöne Ferien sich gewünscht, dann darf einer von ihnen nicht mehr hier sein, nie mehr. Was ist das für eine Wahnsinnswelt der Erwachsenen? Was soll alles Lernen, wenn es den Menschen vor dem Menschen nicht sichern kann? Und warum traf es Jakob und vor kurzem Jennifer und nicht mich? Wie leicht zerbrochen werden kann Menschenleben; wie viel Angst ist in den Kindern entfacht, zu dem schon viel zu vielen Grauen hinzu.

Unermesslich traurig ist jeder Mitmensch, denn wir sind doch als Bürgen gedacht einander, dass das Leben gut ist. Wie konnte einer von uns morden, wie ein Menschenleben wegwerfen, wie so viel Lebensfreude, Tatkraft, Willen durchstreichen und kreuzigen. Wir müssen mehr lernen von unserer Psyche, es gibt viele Arten zu töten, und keiner ist allein schuld. Wir müssen bei leisestem Anschein von Mordlust Fachleute heranziehen; wenn Zerstörwahn uns beschleicht, müssen wir um Hilfe rufen, dass man uns rette vor uns selbst. Wir müssen aufeinander mehr aufpassen und Gefährdete in Sicherheit bringen. Unermesslich traurig ist auch der Mensch, der mordete und der das Vertrauen beim Kind so schändlich missbrauchte. Das Unsägliche kann keiner verstehen, am wenigsten der Untäter. In seinem Gewissen brennt es, er weiß sich verdammt. Möge ihm einmal das Licht aufgehen für Reue, Buße, Besserung.

Und unermesslich traurig ist auch Gott, das Herz aller Dinge, die große Mutter von Kain und Abel, Magnus und Jakob, aber Gott macht weiter mit uns Bösen und Guten.

Der Wahnsinn ist ganz nah – Aber wir müssen weiter

April 2002 – Siebzehn Menschen sind umgebracht, sind aus diesem Leben gelöscht. Ein Mensch wurde wahnsinnig, sah sich verletzt, beleidigt, ausgestoßen und vollstreckt dies Urteil bis zur bitteren Neige, indem er 16 Menschen mit in den Tod reißt. Es ist ein Jammer, ein Elend, eine große Trauer fällt auf uns. Wenn wir nicht weinen um die Menschen, die in einem Nu ermordet wurden, wenn wir nur die Achseln zuckten, was ist denn dann noch der Rede und des Schmerzes wert.

Wie soll man denn Lehrer sein, wenn man von Schülern weiß, die vor Schulbeginn schon übelste Schimpfworte, wenn nicht Fußtritte der selbstzerstörerischen Väter abbekommen haben. Und wie das Selbstbewusstsein der Kinder niedergedrückt wird, von verarmten, alleingelassenen, überforderten Müttern. Oder der Verwöhnte stößt endlich auf ein entschiedenes Nein, aber will sich die Grenzen nicht aufzeigen lassen, der Entgegentretende wird weggewischt. Depressiv oder aggressiv, entleert oder geladen, kommen manche Kinder zur Schule.

Montagmorgen ist es am schlimmsten, wenn sie ohne Verständnis und Wärme das ganze Wochenende sich selbst ausgesetzt waren. Die Pädagogen müssten alle Engel sein, woher nehmen sie nur die Kraft und Menschenliebe, um zu bestehen? Sie müssen viel Gewalt auffangen und Böses sich an den Kopf werfen lassen – zu Gerangel und körperlichen Attacken ist es nicht weit. Dass jetzt 13 Lehrer hingerichtet wurden von einem Wahnsinnigen, rückt auch die enorme Mühsal des Lehrerberufs vor Augen. Kein anderer Berufsstand büßt für die Sünden der ganzen Gesellschaft an den kommenden Generationen.

Dies Auslöschen von Menschenleben – eben mal so – ist so fürchterlich. Jeder war ein einzigartiger Mensch, mit seinen Vorlieben und seiner Lebensart, seiner Sorge, seinen Nächsten. Wie kann ein Mensch nur Menschenleben auslöschen? Für wie wertlos muss man sich selbst halten, wenn man sich so widerruft und die eigene Wertlosigkeit noch verhundertfacht durch Entwerten anderer Menschen. Hätte er mit Gott gesprochen, jedenfalls in Richtung Ewiggültiges – er hätte anders mit seinem Schmerz hinkommen können. Wir müssen lernen, auch zu verlieren und doch ein neues Spiel zu wagen. Wir dürfen uns in einem guten Spiel wissen. Kein Versagen und keine Absage bricht doch den Stab über die ganze Person. Hat ihm keiner gesagt, dass unsere Ehre höheren Orts garantiert wird; auch wenn Menschen einen verachten, bleibt ein Schutzmantel des Glaubens, bleibt ein neuer Tag.

Ach komm, Schöpfer, Heiliger Geist, erbarme Dich der Verzweifelten, der Verlassenen, der Leergeweinten. Und Dank für die Nacht. Und morgen gib Kraft zum Weitermachen mit dem Lieben. Gegen den Tod hilft nur die Liebe. Die uns starben, sollen vom Geheimnis der Welt aufgenommen sein. Sie sollen erstattet bekommen alles, was an ihnen versäumt blieb. Und wir Zurückbleibenden mögen uns aneinander festhalten, uns dieses Augenblicks vergewissern. Und mit Tränen in den Augen sagen: Gut zu leben; gut, dass du da bist.

Der Nächste so nah so fern

Das soll mir klar sein: Wenn kein Schlamm in meinem Wohnzimmer steht, wohl aber beim Nachbarn, dann muss ich ihm helfen – sagen wir zehn Stunden, besser wäre mehr. Es ist ja nicht nur das Wohnzimmer, sondern das ganze Haus, der Garten und der Keller sowieso. Er braucht zur Heilung doch ein halbes Jahr. Und was ihn das alles kostet, die Helfer, die Handwerker, das Material, die neuen Sachen. Aber gut, zehn Stunden. Ein Tropfen. Aber zehn Stunden Handanlegen, einen Tag Arbeit will ich ihm geben. Will selbst hingehen. Oder was effektiver ist: Ich will ihm zehn Stunden Arbeit geben, den Gegenwert von zehn meiner Arbeitsstunden.

Brutto oder netto? Mit Spendenquittung? Furchtbar, schon wieder das Rechnen. Jesus sagte mal: Tu Gutes und lass deine linke Hand nicht wissen, was die rechte tut. Gut, sofort hinzugehen, anzufassen; doppelt hilft, wer schnell hilft. Aber auch gut, zu geben, und andere, professionelle Helfer die Arbeit machen zu lassen. Und nicht kontrollieren, nicht Rechenschaft fordern, nicht die neue Tür sich vorzeigen lassen, die genau von meinem Geld besorgt wurde.

Vielleicht ist die andere Art von Helfen ja besser: Hinfahren, persönlich. Dann übernimmt man natürlich mehr Verantwortung, man wird ja Retter, wird in die Familie mit eingesogen, bleibt am Ende noch am liebsten da, wo Hilfe so konkret gegeben werden konnte. Und wo noch ein Mann oder eine Frau zählen, die nicht diskutieren, sondern putzen, säubern, neu errichten.

Begeisternd, wie Menschen hinfahren, das Auto voll Putzmittel, und eben noch Wildfremden die Küche entschlammen, alles abwaschen, die Fenster reinigen. Oder anderswo wieder Sandsäcke leeren und Barrikaden abbauen. Die vielen Ehrenamtlichen von Feuerwehr, THW, Rotem Kreuz, die Soldaten, Soldatinnen – sie werden noch weiter helfen. Doch die Kraft geht zu Ende, die Freistellungen auch. Jetzt muss noch ein Aufbau Ost her, noch mal müssen wir per Steuern ran.

Die große Hilfsbereitschaft ist beglückend. Die hunderttausenden Spender reißen hoffentlich die Millionen Festhalter noch mit zur Güte. Die nötigen Milliarden wird man dennoch nur per Umlage aufbringen, die nicht nach Lust fragt. Und richtig so, schließlich sind wir alle Mitauslöser dieser Naturkatastrophe; wir werden noch auf viel mehr verzichten lernen, damit der Naturhaushalt nicht völlig umkippt. Dass wir unseren Landesgenossen beistehen, etwas mehr als schattenhaft, ist schon der Rede wert. Aber wir werden auch über deutsche Grenzen Hilfe schicken, einfach, weil Menschen bitten. Es kann uns nicht gut gehen neben Elend. Was Menschen in Not fehlt, sind die im Überfluss ihnen schuldig.

Keiner braucht Angst zu haben, so viel zu verschenken, dass er dann selbst zum Bettler wird. Da hält uns unsere Natur schon von fern. Und nur wer Selbstmitleid kennt, kann auch für andere etwas empfinden. Unsere Güte hat noch Spielraum.

Das Grauen vom Himmel

Mittags der Empfang des Vizeweltmeisters, in der Nacht dann der Absturz zweier Flugzeuge mit 71 Toten. Eben noch das Jauchzen, jetzt das Weinen. Eben noch die Freude, der Glanz, der Jubel, jetzt der Jammer über so viel ausgelöschte junge Leben. Das Himmelhochjauchzend und das Zutodebetrübt prallen hart aufeinander. Es ist kaum zu ertragen, weil kaum zusammenzuhalten. Doch Menschen mit Vertrauenswissen setzen auf einen Gott, der das alles umfasst. Der die Freuden und die Schmerzen des Lebendigen am eigenen Leib erfährt. Der ist das Bewusstsein der Welt. Wir Menschen, einzeln und zusammen, fühlen auch was, aber wir sind nur Zellen, Synapsen, Glieder. Der alles in allem fühlt und weiß, wird Gott genannt. Alles lebt aus ihm, vor ihm, durch ihn, zu ihm. Abgelöst von allem ist er nicht zu haben; für sich allein ist er nicht zu sehen. Aber er ist, um alles in der Welt, sonst zerfiele doch alles zu Nichts.

Als der große Allmächtige im Himmel ist er uns verloren gegangen. Unsere Vorfahren dachten, er könne alles, auch ganz anders. Nach Auschwitz und Gulag und Pol Pot wissen wir: So hat es ihn nie gegeben, er war ein Traum des kleinkindlichen Glaubens. Der Allmächtige war ja auch die Ausrede für all die menschlichen Gräuel. Wir fragten: Wie kann Gott das zulassen? Und widmeten uns weiter unseren Geschäften.

Gott ist anders. Er ist alle Macht, alle Energie, er ist die Power der Naturkräfte und die Lust der Freudentänze und ist auch die fehlgesteuerten Routen der Flugzeuge. Er ist das Lebendige in allem Fleisch, er ist die Liebe und der Mangel. Er liebt in den Begeisterten und darbt in den Einsamen.

Gott litt in Kahn, als der am Pfosten wie ein Häufchen Elend saß, und tanzte in Ronaldo beim Weltmeisterschaftsendspiel 2002. Er weint in den Hinterbliebenen und atmet auf in den Verschonten. Auch den Schmerz derer fühlt er als Stück von sich, die zu spät den Kollisionskurs bemerkten und zerknirschten Gewissens sind.

Gott weiß die Welt, er weiß auch mich und dich, je mit unseren Zerrissenheiten. Und gibt an uns Mutmachstoff aus, Heiligen Geist, Schlaf, aufatmendes Seufzen, Freundschaft, Streicheln von der Haut bis in die Seele, Stücke Verstehens, Nachdenken, Musik und Anteilnahme. Anteilnahme besänftigt, es ist so. Jeder hat seine Tröstungen, manchmal hilft auch Ungewissheit. Und das »Licht des Lesens« (Peter Handke). Gut ist das Kommenlassen des nächsten Tages und die stille Hoffnung, dass der schon für das Seine sorgen wird.

Manchmal schlägt Leid so nah neben Glück ein, dass der Schrei gellt: Warum ich, warum denn? Denk bitte nicht an Schuld. Weder hast du dein Leid dir eingebrockt noch dir dein Glück verdient. Leid und Glück kommen über uns, sie müssen getragen und geteilt werden. Und Leid ist nicht alles. Schon tief im Leid fängt Aufatmen an. Der Trostvogel singt schon, während die Nacht noch dunkel ist.

Gegen die Rechten hilft nur Befreundung

Ich bin entsetzt über die Gewalt von rechts. KZ-Gedenkstätten schänden ist wie Konzentrationslager weiter betreiben. Menschen nichtweißer Hautfarbe zu Tode trampeln verlängert Hitlers Menschenhass. Wer Gewalt verherrlicht, macht Menschen mit Behinderung nieder, natürlich aus Angst, selbst mal der Hilfe zu bedürfen. Sie haben ein monströses Weltbild.

Vielleicht wissen sie alle ihr Untendurchsein in der Gesellschaft und wollen diese darum strafen. Sie wissen wohl ihr Unterbelichtetsein, wollen darum kein Gespräch sondern Brüllen. Sie haben es schriftlich, dass sie beruflich nicht vermittelbar sind. Weil die andern es im Kopf haben oder Eltern mit Geld, müssen sie es in den Fäusten haben. Sie haben keine Freunde, die sie um ihrer selbst willen mögen, also gehen sie hin, wo sie Kader auffüllen.

Wenn man in die Gesichter der rechten Randalierer blickt, dann scheinen sie erloschen, verbraucht, eisig. Befragungen stellen tatsächlich eine innere Leere fest, als wäre ihnen alle Hoffnung ausgebrannt.

Ernst Fromm sagt: »Weil der Mensch nicht ohne Hoffnung leben kann, hasst einer, dessen Hoffnung völlig zerstört wurde, das Leben.« Also ist es öffentliche Aufgabe, Hoffnung neu zu begründen. Also mehr Hilfe für überforderte Eltern, vor allem für ledige Mütter. Mehr Schule, mehr Lehrer, mehr Hinterhergehen bei Schulschwänzern. Mehr Ausbildungsplätze und mehr Betreutes Wohnen. Was wir den

Ärmsten, den Wehrlosen entziehen an Familienhilfe und schulischer Erziehung müssen wir alle vielfach mehr bezahlen mit der Angst vor Rechts, mit inhumanem Klima ringsum und teurem Strafvollzug. Und mit dem schlechten Ruf im Ausland. Jeder Mensch mit nichtweißer Haut, der hier beleidigt wird, kommt auf unser aller Schuldkonto. Denn die Rechten schlagen und treten im Namen Deutschlands, ob wir andern das wollen oder nicht. Wie verhindern wir das?

Die ehemalige Lehrerin, der alte Pastor, der Hausarzt, der Onkel, die Tante, der Nachbar, die Freundin – jeder, der einen Menschen mit rechter Gesinnung kennt, hänge sich an ihn, rede mit ihm, gebe ihm wieder Anteil an etwas Lebendigem, was wächst und Zutrauen entwickelt, werde ihm ein Stück weit Freund. »Enttäuschter Glaube und enttäuschte Liebe zum Leben machen den Menschen zum Zerstörer«, so Ernst Fromm. Wenn du einen Rechten kennst, wag ein Stück Nähe, lass ihn an dich ran. Hilf du ihm, dass er was findet, das ihm das Gefühl von Gelingen vermittelt. Dann kann er »auf die Befriedigung durch Zerstörung verzichten« lernen. Und Ernst Fromm noch mal: »Der Wille zu zerstören muss entstehen, wenn der Wille, etwas zu schaffen, nicht befriedigt werden kann.«

Du, ich, wir können unsern Willen etwas zu schaffen, befriedigen. Wieviel wir damit auch zerstören, bekommen wir noch mit Wucherzinsen präsentiert. Vielleicht sind die Rechten nur unsere hässliche Fratze. Nehmen wir einen zur Brust, stellen mit ihm was Sinnvolles an, zeig dich, red mit einem noch mal neu.

Volkstrauer – ein guter Tag

Einige Kalendertage sind imprägniert mit gemeinsamem Gefühl. Der Sonntag ist allemal besonders; auch wer nicht zur Kirche geht, genießt das Nach-innen-gekehrt-Sein und die allgemeine Ruhe. Der Sonntag und alle Festtage des Jahres (außer 1. Mai und 3. Oktober) gründen in Jesu Geburt, Tod und Auferstehen; alle sind Aufbruchsfeste; wir werden mit nach vorn gezogen.

Volkstrauertag nun spricht uns als gemeinsame Erben einer fürchterlichen Herkunft an. Wir, unsere Eltern oder unsere Großeltern haben Adolf Hitler gewollt oder geduldet – jedenfalls nicht verhindert. Und haben damit die unmenschlichste Gesellschaft der Menschheit hergestellt. Gott sei Dank verlöschte der Spuk nach zwölf Jahren und sechzig Millionen Toten. Und immer noch leiden wir an den Sünden dieser Zeit: Die Menschen jüdischen Glaubens und jüdischer Kultur fehlen uns. Dank den wenigen, den Aufrechten, die noch und wieder Deutsche sind. Millionen Frauen blieben zeitlebens verwitwet, und Millionen Kinder wurden ohne Vater, ohne Eltern groß, und wie viele Alpträume stecken noch in Menschen. Wie viel Schrecken von Verfolgung und Qual bedrängen die Seelen alltäglich.

Und was haben wir uns schwer getan, den wenigen noch lebenden Sklavenarbeitern ein wenig Trostgeld endlich zukommen zu lassen. Ich bin gern Deutscher, wäre sicher auch gern Franzose oder Pole, oder Ire. In welches Land mich Gott eingesät hätte, wenn ich gern dort ich sein dürfte bei herzlichen Mitmenschen, wäre ich sicher auch dort gern Landsmann. Ich finde es schön hier, die Sprache, die Musik, die Medien, die Landschaften, das Klima, viele aufgeweckte Menschen – sie passen mir gut. Auch bin ich froh über das wachsende demokratische Bewusstsein hier, die Spendenfreudigkeit, die lebendigen Kirchen, die Gott zeitnah verstehen; und dass so viele Menschen in Not bei uns Asyl suchen und nicht wir aus Hunger in die Fremde flüchten müssen wie Millionen Deutsche früher. Aber solange Menschen ihre Geschichte bedenken werden, bleibt verheerendes Bösesein, zu einer industriellen Marter- und Tötungsmaschinerie geformt, an den Namen Deutschland geschmiedet. Das will ich besonders am Volkstrauertag betrauern mit denen, die Deutschlands Opfer wurden, die an Deutschland litten und zuschanden wurden. Und wer noch kein Konzentrationslager aufgesucht hat, der sollte sich einem solchen Ort der von Deutschen erstellten Finsternis unterziehen. Ich will an diesem Tag um mein Volk und mit meinem Volk trauern, auch in Kenntnis von Gebüßtem und Wiedererstattetem und der Freude über keimende Freundschaft zu den Menschen der Nachbarländer. Ich danke allen Politikern, die stellvertretend unsere Sünden bedenken und im Zusammenhang mit den jetzigen Katastrophen unseren unbedingten Friedenswillen klarstellen.

Buß- und Bettag: Vergebung in Anspruch nehmen

Ein Tag, ein ganzer Tag, jedenfalls einen Gottesdienst lang Nachdenken über Schuld und Beten um Vergebung – das wäre gut. Und wir hätten den Feiertag behalten sollen, als Zeichen. Denn die Substanz ist lebenswichtig. Dies dauernde Zurückfallen: Hättest du doch mehr hingehört, wärst du doch an jenem Abend zu Hause geblieben. Oder warum habe ich mir die Wahrheit nicht eingestanden, warum war ich nicht mutig? Und dann erklärst du dir, dass die Umstände schlecht waren und du doch Geld verdienen musstest, Streit vermeiden, den Kleinen schonen oder Rücksicht nehmen musstest auf Schwiegereltern, die euch Kredit gaben.

Solche Einreden laufen dir hinter der Stirn immer mit, was du auch sonst noch tust: Du klagst dich an, du verteidigst dich, du hörst die anderen über dich urteilen, du hältst dir die Ohren zu, redest dich raus. Darüber bist du innerlich ein Wrack geworden. Doch du kannst wieder zu Kräften kommen. Erkenne deine Schuld an, wisse, dass Gott sie vergeben hat. Und mache es gut, so gut wie möglich.

Du betest zu Gott, dem Ganzen; zu dem, der alle Geschichte umfasst; der alle Macht ist, insofern alle Energie die Seine ist. Der letztlich auch der Geschädigte ist, weil ja seine Energie von uns für Böses missbraucht wird; der darum auch die letzte Instanz für Schuld und Vergebung ist.

Der vergibt dir, sieht dich nicht mehr defizitär, er rüstet dich aus zu neuen Chancen, mit Zeit, Begabung, Wiedergutmachelust. Der vergibt dir, indem er dich weiter beteiligt, das Leben genießbar zu halten.

Und du widmest dich jetzt der Gegenwart, willst gern du sein; willst machen, dass andere glücklich werden auch wegen dir. Du lebst mit Freude nach vorn. Und du lässt die Vergangenheit auf sich beruhen. Sie ist ja eingewoben in die Geschichte, Gottes Haut oder Mantel. Was war, bleibt in dem, was wird. Du wirst nicht mehr Schuldgefühle haben. Das ist klebriger Ersatzstoff, der dich lähmt und lamentieren ließ. Du lässt dich jetzt von Gott nach vorn schieben, lässt dich bescheinen von der Sonne seiner Liebe. Und deine Schatten, dein Böses, fällt hinter dich zurück.

Das »Ach, hätt' ich doch«, das »Wäre ich doch« ist verblasst, du widmest dich dem Jetzt und machst heute, dass ein, zwei Menschen etwas lieber leben. Du brauchst dich nicht mehr entschuldigen, was bei Besichtigung der Vorwürfe ja rettend scheint, aber eben nur festhält. Du bist hingedreht worden zu jetzt und dann. – Es geht nicht um ein Verdrängen von Schuld; das geht gar nicht. Uneingestandene, darum unvergebene Schuld nagt an einem, frisst einen von innen auf, bis man so hohl ist, dass der Tod erlöst vom Längstgestorbensein. Um aus Schuld weiterzukommen, muss man wenden.

Friedhof – ein guter Ort

Mal wieder zum Friedhof gehen, diesem besonderen Stück Erde. Mit Mauern umfriedet, bebaut und auch wieder nicht, bewachsen, kleinflächig und großzügig, Skulpturen und Schilder, von weit hergeholte Steine, behauen, beschriftet. Das Wichtigste ist unsichtbar, ist unter der Erde: die Leichname, wieder zu Erde werdend oder schon verwest.

Und Namen in Goldschrift, oft paarweise, auf dem Land noch für die ganze Familie, Generationen haben sich hier abgelagert. Grabmale spiegeln erfolgreiches Wirken, manche notieren die irdischen Titel. Andere Grabsteine, schwarz und einheitlich, gereiht wie Karteien, bezeugen bescheidene Leben. Und Zeichen sind gesetzt: Kreuze als Pluszeichen – auf immer zugehörig zu einem Ganzen; Herzen, Bäume, Sonnen bezeugen den Glauben an ein Weiter und Darüberhinaus. Ein Geheimzeichen ist der Schmetterling: Sterbend werden wir verwandelt.

Frische Gräber sind mit Kränzen und Sträußen bedeckt, die Schleifen beschriftet mit: »Immer Dein« oder »In großer Trauer«. Nach Kurzem wird der Schmuck der Beerdigung abgeräumt, eine Dauerbepflanzung besorgt der Gärtner, gut für alle Jahreszeiten. Manche Gräber sind liebevoll gepflegt. Ihnen merkt man an, dass hier Zwiesprache zwischen Lebenden und Toten gehalten wird. Gräber von Kindern erhalten manchmal noch neues Spielzeug oder ein farbenfrohes Windspiel, was die Wehmut nicht kleiner macht. Viele Gräber sind um Totensonntag fein gemacht, Grün wird für den Winter aufgelegt, wohl als wärmende Decke. Manche Gräber sind schon abgelaufen, aber haben auf Kosten des Friedhofes Bestandsschutz, bis nächste »Nutzungsberechtigte« neu darüber verfügen.

Es ist wohl auch ein Platz da für »Urnen unter dem grünen Rasen«, dazu ein Gedenkstein für die Namenlosen. So soll das Bedürfnis der Hinterbliebenen, doch ein persönliches Zeichen zu setzen, ins Allgemeingültige abgelenkt werden. Immer wieder legen Menschen Blumen auf den Rasen, gerade dahin, wo sie die Handvoll Asche ihres Verstorbenen vermuten. Ein gutes Zeichen, das uns schwer aushaltbar ist, sang- und klanglos Nächste verschwinden zu sehen. Da schießt einem schon ins Gedächtnis, ob man selbst auch so folgenlos, spurenlos, so ungenannt davon muss, so rasch entsorgt.

Wir wollen doch unverlierbar sein, irgendeinem, wenigstens Gott. »Fürchte dich nicht, spricht Gott, ich habe dich aus dem Nichtsein erlöst, ich habe dich bei deinem Namen gerufen. Du bist mein«, ist noch immer der meistgewünschte Taufspruch. Dies Ewiggültigsein steht in scharfem Kontrast zu unserm schnellen Vergessen.

Ein wenig über das Ende hinaus noch unter den Lebenden zu weilen, wenigstens im Gedenken einiger, das ist ein sehr menschlicher Wunsch. Ein Grab kann erzählen von Dank und den leuchtenden Tagen, ein Gang über den Friedhof hilft, mit Lust noch leben zu wollen, solange wir noch dürfen.

Nach und nach geht uns ein Licht auf

»Über denen in Finsternis und Schatten des Todes scheint es hell« – ist die Urverheißung des Glaubens. Alle Religionen erwarten eine Wendung zum Besseren, unabhängig von den Bildern. Ob die große Stille oder der Prachtharem am Horizont der Wünsche stehen, der tanzende Gott oder Himmel, der die Hölle verschluckt – alles sind nur Blicke in einen beschlagenen Spiegel. Wir werden sehen, es ist für uns gesorgt. Mehr gibt es nicht zu wissen.

Doch alle Religionen halten diese Kargheit schwer aus. Und erzählen Geschichten vom Weg ins gelobte Himmelsland. Besonders glücklich dran sind die Christen. Ihr Meister hat die Schatten des Todes selbst bis auf die Knochen erfahren. »Hinabgestiegen in das Reich des Todes« – heißt: Er hat die Toten mit dem Lebenskuss versehen, er hat die Seelen aller Verstorbenen im Triumph als Riesenschleppe mitgezogen in die Gegenwart Gottes.

Meist wird diese Vision für den jüngsten Tag aufgespart, aber ich glaube, dass mein Erlöser lebt; »das Lebendige in allem Fleisch« ist er. Wenn der Leib dahinsinkt, fährt das Lebendige aus dem Fleisch ins Licht der Liebe. Ich kann mir nicht die Toten denken wie eine zum Meeresboden herabgesunkene kostbare Fracht, die erst dermaleinst geborgen wird. Die starben, sind schon in Gott, im Glück, in der Freude, der Fülle.

Wir Irdischen sind noch auf dem Weg, suchen Auskommen, Umarmung, Achtung. Im explodierenden Gelicht werfen die Sachen bizarre Muster; je mehr wir eilen, desto weniger kommen wir nach. Wo nehmen wir den Stern her, der sagt, wo es lang geht? Woher das Licht, das uns erleuchtet?

Jesus sagte mal: »Ihr seid das Licht der Welt«. »Kinder des Lichts« dürfen wir uns nennen. Wenn dir das zu hoch ist, denk an einen guten Menschen, dem du viel zu verdanken hast. Oder an die, die vielen ein Vorbild waren: Regine Hildebrandt eben oder John Lennon oder Mutter Theresa. Auch Mutter oder Vater oder Oma haben dir ein leuchtendes Leben gezeigt mit aller Schlichtheit und dem üblichen Schatten. Sie hatten was von Jesus – die kindlich unüberwindliche Zähigkeit, mit dem Aufgepackten zurechtzukommen. Bitte, glaub dich als Kind des Lichts.

»Auch wer zur Nacht geweinet, der stimme froh mit ein, der Morgenstern (Gott, Christus) bescheinet auch deine Angst und Pein« – dieses Lied singen im Advent in den Kirchen. Du brauchst ja nicht mitsingen, aber deine Seele bekommt Heimatklänge mit. Geh doch mal bewusst hin und sieh die eine rote Kerze an dem großen Kranz mit den drei noch unentzündeten. Nimm es doch als Bild, dass auch in deiner Seele noch es hell werden soll. Lass dich aufspannen zu Hoffnung. Vor dir ist Erleuchtung, Gern-du-Sein, neue Gaben der Befreundung. Achte dich, du bist wer. An dir können andere das Kerzlein ihres Ichs entzünden. Deine Achtung stellt sie auf den Leuchter.

Advent ist ein starker Stoff

Weise eingerichtet ist die Wartezeit aufs Fest hin. Nicht Knall auf Fall taucht Weihnachten auf hinter irgendeinem Datum. Sondern vier Adventssonntage tragen die Erwartung an uns heran. Vier Wochen von der ersten Kerze bis zum Baum voll Licht – der Zug hin zum Heiligabend wird zuletzt schnell. Mit einem Schlag soll alles still stehen und fertig sein, die Familie friedlich, die Arbeit getan, die Geschenke verteilt. Manchem wären noch ein paar Adventstage mehr sehr willkommen, bis die Mischung aus Frieden und Müdigkeit und Erinnern gefangen nimmt. Und wir neu gedeckt bekommen den Tisch des Lebens mit Sinn.

Advent hat was mit Aufräumen, Vorbereiten, Besorgen zu tun. Andere sollen bedacht werden, die Wohnung soll leuchten. Das alles ist aber äußere Verrichtung für ein hoffentlich innen geschehendes Fest. Uns soll an Weihnachten eine Gewissheit aufgehen, nenn sie Christi Geburt oder Stern der Erleuchtung oder Gotteswissen. In uns, hoffentlich, wird Mut entflammt werden, doch auf Heilung der Welt zu setzen. Die Nachrichten, auch wenn sie voller Bedrohung sind – sie nicht löschen, aber mit etwas Anderem, Wesentlichem sie in Beziehung bringen und dadurch sie mit Hoffnung durchmischen – dazu gehe ein heller Morgenstern auf in unseren Herzen. Den Meldungen vom Scheitern der Menschheit setze entgegen das Evangelium: Gott liebt die Welt, sie ist ihm Herzensbedürfnis, jedes Wesen spiegelt sein Sein. Und worin sich Gott gespiegelt und erkannt hat, das ist ewigkeitshaltig.

Das setzt die Schreckensmeldungen in ein anderes Licht. Wir werden aufhören, Schrecken zu produzieren. Wir werden den Glanz auf jeder Kreatur neu entdecken. Wir hören auf, uns und andere zu vergiften. Wir ehren neu die Gotteskarätigkeit aller Wesen. Wir werden vernünftig, weil wir in allem den Ruf vernehmen, »auch ich gehöre zum Sinn«.

»Die Leidhaftigkeit des Daseins« stand in einem Buch über Buddha. »Die Liedhaftigkeit« hatte ich gelesen, immer wieder »›Die Liedhaftigkeit des Daseins‹ von der Wiege bis zum Grab« (Ralf Rothmann). Jesus-Menschensohn hat die wahre Qualität von Leben, die Freude, ermittelt. Die biologische, physikalische Bemessung ist nur eine Sorte Wahrnehmung. Jesus hat das Leben als lustvolle Verkörperung Gottes gesehen, und sich selbst und alle Menschen auch. Darum steht in jedem Augenblick auf dem Spiel, ob wir das Wesentliche des Lebens – die Freude – treffen, hüten, fördern oder nicht. Ob Jesus bei uns ankommt, das sei die Grundfrage im Advent.

Advent kann uns Kraft schaffen, wenn wir Jesus kommen lassen – das klingt wie vom andern Ufer – aber tatsächlich ist das die einzige Rettung für die (westliche) Welt: Die Maßstäbe für Gut und Böse, für »was sich lohnt und was sich nicht lohnt«, neu eichen lassen an diesem Jesus.

Maria und Josef – Das neue Mannsbild/Frauenbild

Früh nutzt die erste Christengemeinde die Eltern Jesu, um an ihnen das Neue abzubilden. »Wer der erste sein will unter euch, der sei Diener aller« – ist ja Jesu grundstürzendes Gebot. Wie daraus ein neues Rollenbild für Mann und Frau entwickeln?

Nicht mehr Adam als das Maß aller Dinge, die Frau das andere Geschlecht; der Mann und die Männin – so im Schöpfungsbericht. Ab Christus gebiert die Frau nicht mehr als des Mannes Eigentum, sondern als Gottes Magd, sie gebiert nicht dem Mann, sondern Gott seine Kinder.

Der Evangelist Matthäus beschreibt an Josef den neuen Mann. Der wird Diener des Neuen, Behüter, Ernährer des Kindes und seiner Mutter. Josef verliert das Recht der Väter von Urzeiten, dem Kind den Namen zu geben. Der Name Jesus (Joschua – Gott rettet) wird offenbart und zwar der Maria. Und Josef und damit dem Mann überhaupt wird das Recht abgesprochen, die Frau mit Kind sitzenzulassen. Im neuen Denken des Jesus ist Vater der, der das Kind annimmt. Als Josef entdeckt, dass seine Verlobte schwanger ist, will er sie verstoßen, aber die rationalen Taggedanken werden durchkreuzt durch göttliche Weisung. Ihm träumt: »Das von ihr geboren wird, das ist vom heiligen Geist empfangen.« Josef ist freundlicher Diener dem Neuen, er drängt nicht auf Weitergabe des Eigenen.

Und die neue Frau? Die Ikone der starken Frau, der zumindest gleichwertigen Frau, vielleicht das Urbild des neben Jesus wahren Menschen malt der Evangelist Lukas.

Maria hört die Engelsbotschaft: »Du sollst schwanger werden und einen Sohn gebären.« Dann sie: »Ich bin des Herren Magd, mir geschehe, wie du gesagt hast« – ein großes Einvernehmen mit der Schöpfung, sagen wir, mit dem Schöpfer, ist vielleicht Urbild aller wissenden Frauen. Sie wissen, dass sie letztlich vom väterlich-mütterlichen Lebensgrund empfangen und Gottes Mitschöpferin sind; was das Zutun des Mannes nicht ausschließt, aber doch kleinhält. Er holt ja später hoffentlich auf. Die Urchristenheit nutzt das Symbol Jungfrau, um die Gottessohnschaft des Jesus zu unterstreichen, aber es ist kein biologisches, sondern ein geistiges Geschehen: Maria ist neben Jesus der leuchtende Mensch überhaupt, keine Frau hat so viele Ideale auf sich gezogen. Voran das Bild der freien Frau, die nur Gott sich beugt, sonst keinem, und wenn sie dient, bleibt sie gerade damit die erste. Maria wird unter dem Kreuz dem Lieblingsjünger Johannes anvertraut und umgekehrt – ein Bild, dass die Kirche Sache von Mann und Frau ist. Maria beweint den Leichnam Jesu – ist so Inbild aller Mütter, die die Gräuel der allermeist männlichen Gewalttaten und Kriege betrauern. Und Maria im Himmel als Schutzmantel aller Flehenden spricht einfach zum Herzen.

Josef und Maria als große Leitbilder für den freien, den liebenden Menschen tun jedem gut. Kein Wunder, dass wir alle beim Krippenspiel Maria oder ihren Josef spielen wollten.

Leuchtende Augen sind das Geschenk

Gut, sich um das richtige Geschenk zu mühen. Es ist nur schmerzlich, wenn Kinder der Mutter einen Pralinenkasten schenken, dem Vater die wievielte Nackenrolle. Leicht daneben auch, wenn Eltern und Großeltern zusammenlegen, um ihrem Liebling die Video-Konsole zum Preis eines Gebrauchtwagens zu finanzieren. Sich einfühlen, was dem anderen gut tut, ist eine Form der Liebe. Doch hat man denn so viel davon? Was wären wir ohne die Vorschläge der Schaufenster und der Hochglanzwerbung.

Da zerbrechen sich kreative Menschen für uns den Kopf, zeigen uns, was wir – angeblich – gern bekämen, gern verschenkten. Es muss uns doch gesagt werden, was unser Bedarf ist, ehe wir dessen bedürfen. Was brauchen wir denn unzweifelbar? Was ist denn nicht vierte, fünfte Variante der Vase, des Schlipses, des Morgenmantels. Gar nichts einander schenken wäre das Einfachste, aber es wäre doch nur hilflos, wäre der Offenbarungseid: Wir haben uns nichts zu geben, nichts zu sagen.

Nichts schenken ist einfach nur phantasielos, erklärt den Bankrott. Wir brauchen das Ungeahnte, das Schöne, das Abenteuer, das Offenbarende. Wir brauchen, was uns staunen macht, vielleicht uns Selbsterkenntnis öffnet. Ein Gedicht, von eigener Hand aufgemalt, könnte eine neue Welt aufschließen, eine Keramik aus dem letzten Urlaubsland brächte das Glück zurück, die Abdrücke von Hand und Fuß des Enkels können weinen machen. Es muss nicht viel kosten. Aber merken sollte man's schon. Es ist wohl, wie Musil es sagt: »Wir vorsichtigen Sparer bestehen im wachen Zustand meistens aus Hingabe und Zurücknahme; wir nehmen teil, und bewahren uns dabei. Aber im Traum ahnen wir zitternd, wie herrlich eine Welt ist, die ganz aus Verschwendung besteht.« Doch: Wir können auch rauschhaft großzügig sein, es hat mit unserem Bild von Gott zu tun: Die Welt in ihrer Üppigkeit sehen als Geschenk, und du darfst mit deiner kleinen Kraft den Garten Eden mitbestellen, genießen und ausmalen und schmücken.

Ganz tief innen sind wir kleine Mitschöpfer und beschenken gern, machen leuchtende Augen und sind gern bedankt. Darum sind Weihnachten mit Kindern höchstes Glück. Sie lassen sich sorglos beschenken, sie können die Überraschung gar nicht abwarten. Bei Kindern kann man noch zaubern, noch groß sein. Später wird das schwieriger. Wir mit allen Wassern Gewaschene sind oft zur Hingabe zu müde.

Und wir tun uns schwer, Hingabe uns gefallen zu lassen. Berechnen wir insgeheim schon die Wiedergutmachung? »Sag Dankeschön«, klebt als elterlicher Befehl an jedem Geschenk. Vielleicht musst du das Annehmen lernen.

Lass dich beschenken, gib dich hin dem, der dir Freude macht. Letztlich ist alles Gnade – auch dein Leisten und Machen und Schenkenkönnen. Du bist so gern aktiv. Im Geben fühlst du deine Kraft am meisten. (Darum tun die sich selbst auch Gutes, die »Brot für die Welt« abgeben, getreu dem Satz von Joseph Beuys: »Ich ernähre mich durch Kraftvergeudung«). Aber jetzt empfange auch, lass dich beschenken, und du schmückst andere mit deinen leuchtenden Augen.

Sicher dir dein Jahr

Ein Baum legt Zweige zu und einen Jahresring. Auch uns kerbt die Zeit, wir legten zu, wohl auch an Gewicht. Aber wichtiger ist unsere Beute an Erfahrung. Wir sind ein Jahr mehr wir selbst geworden. Misstrauischer oder zuversichtlicher, ängstlicher oder sorgloser, ärmer, reicher, wieso? Was gewannen wir an Wissen? Was können wir besser? Welcher Schaden nimmt uns mit? Auch wenn wir nicht weiter nachdenken, arbeitet das Erlebte in uns. Unser Bauch registriert alles. Und haben wir uns in einem Menschen geirrt, werden Alarmlichter flackern, wie von selbst, wenn ähnliche Züge uns wieder begegnen.

Und doch sollten wir hellhörig das Jahr gehen lassen. Sollten uns merken, was uns geschah. Und was wir anrichteten. Schon viel zuviel verweht im Vergessensfluss. Nur was wir erinnern, können wir auch bewerten, vertiefen, genießen und mal meiden.

In diesem Jahr haben wir viel Gemeinsames erlebt und annähernd ähnliche Ohnmacht empfunden. Der Jahresrückblick im Fernsehen zeigte das gemeinsam Erlebte. Anderes haben Schicksalsgenossen geteilt: Arbeitslos sein, Krankheit, Steckenbleiben im Schnee. Und der in gleicher Lage, war der Allernächste geworden, sehr verwandt. Erinnere dich an wichtige Situationen, erzähle sie dir, empfinde ihren Ernst heraus, ihren Schmerz, ihr Glück. Es war doch nicht umsonst, dieses, dein ganzes Jahr, der Schatz deiner Gefühle hat doch hinzugewonnen. Du hast geliebt, wurdest geliebt; ein Bild, eine Geste, ein Wort, eine Geschichte lass dir auferstehen, rahm sie dir ein die eine Frage oder das eine Geschenk, verwahr den Blick.

Und du hast gearbeitet. Das hat dich ernährt und andere. Und was sonst? Wem warst du nötig? Du warst Ungezählten nötig, aber einen nenn dir mit Namen, erinnere seine Anerkennung. Einem hast du besonders was zu verdanken. Merk das, es hat dich doch gestärkt. Du bist wahrgenommen worden, ihm bist du wer. Vielleicht hast du Lust, noch mal darauf zu sprechen zu kommen. Du hast einen Schmerz gehabt, du bist verwundet. Der Verlust wiegt schwer. »Manchmal leuchtet die Erinnerung. Manchmal ist sie bleierne Nacht. Es muss einer sehr alt werden, bis auch die bleierne Nacht leuchtet«, sagt Elias Canetti. Bist du im Blick auf deinen Schmerz älter geworden? Deine Trauer, ist sie noch schwarz oder schimmert sie an den Rändern schon violett, hat sie einen Hauch Licht bei sich?

Und die zufriedenen Phasen? Ein Jahr lang Auskommen und Zurechtgekommensein. Hinreichende Gesundheit, viel Gelungenes. Ja, was ist dir gelungen, nimm doch nicht alles so banal, selbstverständlich. Wie viel Bewahrung, Aufmerksamkeit, Pflichtbewusstsein, wie viel Beistehen geschahen dir. Wie viel Menschen haben für dich sich gemüht, und wie viel Tiere dazu?

Und wie viel Freude hast du gespürt, wie viele Male herzlich gelacht? Dich gut unterhalten? Viel »Gott sei Dank« fürs Jahr ist fällig. Und hab Lust auf ein neues Fuder Zeit. Frag an beim Herrn der Zeit.

Die Zeit
eilt, teilt, heilt

Als wäre es eben gewesen, so geht wieder ein Jahr dahin, »es fähret schnell, als flögen wir davon«. Eben noch Jahrtausendwende – alles schien in einen Sog geraten, verlor an Bedeutung – am Morgen danach ging alles normal weiter. Dann der 11. September, die stürzenden Türme, sie stürzen noch immer. Jetzt 2002, im Nu vorbei. Ein Jahr, wie weggewischt. Sichere dir ein paar Geschichten, Namen, Erkenntnisse. Du sahst ein Kind, einen Enkel wachsen; ein Jahr Ehe, was hat man gelacht und bedacht, geschwiegen und gestritten; und eine Wonne, merk sie dir. Oder man war ohne Arbeit und kann sich an kein Werk erinnern, an dem man beteiligt war; man wartete und wartete, das Jahr aber scheint zugebracht wie ein Geschwätz.

Die Jahresrückblicke in Zeitung und Fernsehen hetzen von Drama zu Drama, zum Bersten gefüllt war der öffentliche Kalender, die Bilderschnipsel fliegen vorbei – ich bin atemlos von all dem Auf und Ab, das ich als Zeitgenosse mitging, wenn auch auf Abstand. Wie muss es erst jenen gehen, denen viel mehr zugemutet und abverlangt war. Die Zeit eilte. Und die Zeit teilt. Sie teilt zwischen Vorher und Nachher, Früher und Später, Jung und Alt, sie scheidet die mit vielen Möglichkeiten von denen, deren Zeit sichtbar abläuft. Sie nimmt, beendet, scheidet, trennt, sie löst Bindungen, sie lässt verwittern, lässt dahingehen und sterben. Allein, wie das Sterben eines geliebten Menschen anrührt, macht die Wucht von Zeit deutlich. Zeit ist doch zugeteilt, ist das Wichtigste Gut unseres Lebens. Und mit wem durftest du, musstest du sie teilen?

»Das Geheimnis des Glücks ist die Freiheit, deren Geheimnis aber ist der Mut« (Perikles). Wozu wünschst du dir Mut, was willst du endlich sagen, was tun und entscheiden? Zeit haben heißt nichts anderes, als keine Zeit für alles zu haben. Wir dürfen noch an unserem Drehbuch mitschreiben, die Zeit teilt vor allem Möglichkeiten zu. Ob wir sie vorbeilassen oder zupacken, was wir an Spielraum haben, sollten wir nutzen; auch um wieder mehr Bürgersinn zu entwickeln. Die Zeit eilt, sie teilt zu, teilt auch ab. Und die Zeit heilt. Ein Baum verlor seinen Hauptstamm; es blieben Zweige. Der Lauf der Zeit rückt das Verlorene aus dem Mittelpunkt, ganz langsam richten sich die Zweige auf, im Laufe der Jahrzehnte wird eine neue Mitte, eine andere Krone. Der verwitwete Mensch wird noch mal ein anderer, eigener Mensch, das Verlorengegangensein des Verstorbenen kann sich vergolden zu einem Heimgefundenhaben: der / die Verlassene lernt, sich wieder zu finden und vielleicht auch neu sich finden zu lassen. Zeit vermag, die Liebe wiederzubringen in neuen Kleidern. Zeit heilt allmählich, manchmal auch plötzlich – spannend, schmerzlich, wunderbar, wie das Lebendige auf einen einstürzt oder sich langsam entzieht. Nur Dank für ein großes Jahr Zeit und Gebet um Chancen und Mut, Gestaltungslust und Selbstzügelung.

Leben

Jedes Leben bezeichnet einen Bogen, ob lang oder kürzer. Es beginnt mit Geborenwerden und endet mit dem Sterben. Auch dazwischen haben wir wesentliche Ereignisse zusammen. Hochzeit und Abschied etwa haben innere Muster; jedre Bauplan des Lebens wiederholt sich in den einzelnen Ereignissen. Wir bleiben alle Lehrlinge des Lebens. Aber immer gibt sich Wissen weiter, das ist ein Trost.

Wir haben die Tendenz zur Vollendung in uns

Es ist nicht klar, was wir sind. Ja, Menschen. Aber was macht uns dazu? Erst im Vergleich können wir uns merken. Aber mit wem oder was verglichen erkennen wir unsere Würde, unser Wesen? »Wir sind nur ein Schilfrohr, aber ein denkendes« – stark gesagt von Herrn Pascal. Damit ist die Spannweite genannt. Vom Material her: wie Gras, über das der Wind geht; aber wissen kann es der Mensch, er kann staunen, grübeln, entscheiden, was dringlich ist; das Denken macht ihn zum Abenteurer.

»Zu klein für einen Gott, zu groß fürs Ungefähr«, hat auch mal ein Weiser von uns gesagt. An allem Vorhandenen gemessen sind wir groß. Sogar das Weltall, obwohl wir keine Vorstellung von seinem Umfang haben, können wir gedanklich in die Tasche stecken. Und was ist ein neuer Stern gegen die Geburt eines neuen Kindes? Die Sonne ist nur ein Atomofen, gedankenlos und willensleer. Aber das Menschlein, wenn es seine Hand ausstreckt in Mutters Gesicht, dann ist der Weltwille im Zimmer. Wir sind nur vergleichbar mit Gott – grandios, dass die vor uns schon wussten: »Gott schuf den Menschen zu seinem Bild«, zu seinem Gegenüber, seinem Zeugen. Darum sagt das erste Gebot auch: »Ich, der ich dich ins Leben gerufen habe, bin dein Gott. Du hast keine anderen Götter!« Du bist zu schade, hörig zu werden, du Freier, du Sohn / Tochter Gottes. Liebe! Und tu, was du dann wollen kannst. Er hauchte unsere Seele in die Chromosomen, er beruft uns zu unserm Ich, vor ihm verantworten wir Gut und Böse. Von ihm (Tarnwort: aus der Hand des Schicksals) lassen wir uns anvertrauen. Ihm klagen wir die Leiden, fragen, warum denn ich? Und fragen das nicht den Arzt, sondern darüber hinaus. Wir werfen im Glück unsere Freude an den Himmel. Und strecken uns im Sterben zu ihm aus. Bitte, sieh dein Jetzt als den wunderbaren Augenblick in Gottes Symphonie, worin die Welt, wie sie bisher ist, durch das Nadelöhr deiner Existenz gefädelt wird zur Welt hin, die das Ganze noch erst werden soll. Wie im Orchester dein Tönchen den Ton des Ganzen mitbildet, so fällt im Augenblick des Jetzt durch dich mit die Entscheidung, was wird. Und immer sollst du beteiligt sein an der Werdewelt. Ich bin sicher, Gott legt seine Ehre ein, dass wir Menschen und irgendwie auch die übrige Kreatur eine vollendete Schöpfung mitfeiern. Wir haben Tendenzen auf Vollendung hin in uns: Die Lust an Schönem, die Sehnsucht, ganz zu werden in Liebe; brennende Scham über Schuld und die Bitte um Heilwerden.

Diese Tendenz auf Fülle und Vollendung hin macht, dass wir nicht nur einfach still verenden. Sondern der Mensch taucht ein in die Tragik des Todes. Was unser Sterben zum Tod macht, ist ein riesiger innerer Schrei, mit dem wir von diesem Leben abreißen: Wem bin ich noch wer? Wo ist mein Zuhause? Wenn ich abbreche, sprich weiter mit mir, Gott, du Leib aller Seelen. Unsere Sehnsucht wünscht sich Ewigkeit. Das ist kein Beweis für kommende Fälle, wie Durst kein Beweis ist für Wasser. Aber immerhin.

Von weit her gewollt

Wir sind zuständig im Rahmen unseres Wissens. Auch die Eltern nächster Generationen werden die Gene ihrer Kinder nicht aus dem Katalog zusammenbrauen. Aber die vorgeburtliche Diagnostik wird noch eher Anlagen zu Missbildung erkennen. Und die Eltern müssen entscheiden. Sie können sagen, sie wollen diesem Kindlein ein Leben unter so erschwerten Umständen nicht zumuten, können auch sich selbst nicht für stark genug halten, ihm gute Eltern zu sein. Und nehmen die ärztliche Kunst dankbar als Gabe Gottes. Andere Eltern können anders denken; können glauben, gerade dieses Kind mit diesen Anzeichen ist ihnen anvertraut und aufgegeben.

Jeder hört seinen persönlichen Ruf, jede hat ihr eigenes Gewissen, hat ihr inneres Bild von Vollständigkeit. Keine Art zu denken kann gesetzlich vorgeschrieben werden. Manches Paar will das Wissbare wissen, andere nicht. Eigenartig, dass wir nie unseren Eltern für Zeugung und Geburt dankten, wohl vielleicht für Erziehung und schöne Kindheit. Es ist bei uns eine Ahnung, dass wir von weit her gewollt sind.

Thomas Mann lässt im Joseph-Roman Vater Jakob sagen: »Der Zeugende ist nur Werkzeug der Schöpfung, blind, und weiß nicht, was er tut. Da wir den Joseph zeugten, zeugten wir nicht ihn, sondern irgendetwas, und dass es Joseph wurde, das tat Gott. Zeugen ist nicht Schaffen, sondern es taucht nur Leben in Leben in blinder Lust; er aber schafft.«

Das Wunder, auf die Welt zu kommen, bleibt unfassbar, inklusive aller pränatalen Diagnostik. Bei Tier- und Pflanzenvermehrung schaltet und waltet der Mensch nach Gutdünken. Wir sind zuständig im Rahmen unseres Wissens für ergiebigere Kornsaat und für fettärmere Schweine. Unsere Neugier gibt keine Ruhe, Forscherdrang und Machtwille decken immer weitere Schichten der Wirklichkeit auf. Die Atomkraft kann nur beherrscht, aber nicht mehr vergessen werden. Wir können schon lange mehr, als wir dürfen. Das Wissen um unsere Gene und wie sie manipulierbar sind, ist in der Welt. Und doch dürfen wir niemals Menschen nach unserm Bild züchten. In jedem Fall werden sie ihre Eltern hassen, weil die ja an ihnen schuld sind, wenn sie die Wahl hatten, egal wie sie entschieden.

Hoffentlich bleiben wir dabei, dass Embryonen nicht zu Forschungsmaterial herabgewürdigt werden, sonst wird es letztlich auch rechtens, Menschen herabzuwürdigen zu Kriegsmaterial oder zum »Faktor Arbeit«. Der gute Zweck, Erbkrankheiten einzudämmen, heiligt nicht den Verbrauch von Embryonen, mögen sie auch in noch so frühem Stadium sein. Man sollte da auch nicht die Vernichtung von Leben bei Abtreibung gegenrechnen; die ist furchtbar, ist rechtswidrig, wenn auch (in engen Grenzen) straffrei. Fachleute sagen, es bestehe Hoffnung, mit Stammzellen aus dem Gewebe Erwachsener die therapeutischen Ziele bald zu erreichen.

Kinder sind ein Wunder

Ein Menschenkind ist eine neue Welt. Ohne dieses Kind wäre es die alte Welt, fast leer, wie wenn ein Kontinent nicht mehr da wäre. Ein Kind ist so viel Anfang, ist pure Zukunft. Mit diesem Menschlein wird der Zeithorizont achtzig Jahre weiter ausgerollt. Wieder mehr Erfahrung mit Wirklichkeit wird zum Menschschatz gehören.

An Größerem können wir nicht mitwirken, als einem Kind auf die Welt zu helfen und es ihm hier heimisch zu machen; ihm sein Ich zu stärken und ihm zu zeigen, dass es geliebt und gebraucht ist. Eltern werden gewürdigt, dem Kind die ersten Engel zu sein, die dafür sorgen, dass Gefahren und Forderungen den Kräften gemäß auf das Kind zukommen. Die es anleiten, was als gut und böse hier gilt.

Eltern dürfen die Welt noch mal neu denken mit den Augen ihrer Kinder. Was schon fraglos abgetan schien, etwa dass der Mond mal dick ist und mal dünn, das wird durch die Kinderfrage wieder brennend. Mit dem Kind mitdenken holt die eigene Erinnerung zurück an überwundene Ohnmacht und frühes Glück.

Das emsige Lernen zu rollen, zu sitzen, sich zu erheben, zu stehen, zu gehen, Schritt für Schritt, das Laufenlernen, das ungezählt viele Hinfallen und einmal mehr Stehenbleiben zieht sich als Mutmachbild durchs ganze weitere Leben.

Auch wie es in Jahren sich das Sprechen aneignet, ist eine Schöpfung für sich. Das Heben der Stimme am Satzende klingt wie ein Lied. Das Kind redet mit, macht sich geltend, bestimmt mit, kann schon bald die Wirklichkeit färben nach Wahl seiner Worte.

Miterleben dürfen und müssen, wie das Kind seine traumhafte Sicherheit verliert. Es war ein geleitetes Wesen, eigenständig und voll Imagination – dann muss es normal werden. Von anderen Kindern in die Realität gepufft, lernt es, dass ihm nicht alles einfach zusteht, es übt das Nehmen und Geben, lernt den Jargon des Überlebens.

Kinder machen fromm, sie lassen »so was wie Gott« erforderlich scheinen. Kinder verlangen übermenschliche Obhut, brauchen oft genug auch Schutz vor ihren irdischen Beschützern. Man muss als Mutter, Vater oder Ähnliches wissen, dass Kinder zugemutet und anvertraut sind vom Herz der Welt. Bei klarem Kopf kann man nicht auf eigene Kappe Kinder wollen, ihnen das Wesen aus eigenem Erbgut zumuten. Und hinter jeder Ecke lauern Gefahren. Kinder sind Gabe und Aufgabe Gottes, sie können erbeten, aber nicht hervorgerufen werden. Kinder sind Wunder. Wir waren auch mal welche; nahe bei Kindern werden wir es wieder.

Ein Kind muss leben

Höllisch ist, was Mütter durchmachen, die meinen, nicht Mütter sein zu können. Die das Kind austragen und dann umbringen. Die einsamst geboren haben, die die Schwangerschaft hindurch gegen alle Muttergefühle angegangen sind, die nicht den Gedanken überhand gewinnen ließen, dass ein Kind, ein Mensch, dass da ein wunderbarer Mensch in ihnen wird. Vielleicht haben sie eilig geliebt in einem Überfall der Gefühle, vielleicht bis zur Ahnungslosigkeit verdrängt das Wissen, hier könne gezeugt worden sein, vielleicht verleugneten sie gewalttätig gegen sich selbst die Kenntnis von Frausein, Zyklus, Schwangerwerden.

Zusammengewesen mit einem Jungen, einem Mann, der sich seiner Wege trollt, nicht wissend, was er tat, nicht fragend, denktaub, unfähig mitzutragen. Und über die Monate allein mit sich und dem wachsenden Bauch versucht sie, das Werdende zu bejahen. Aber kein Freund will das Kind, keine Eltern schließen es in die Arme, keine Freundin weiß, mit ihr zu reden. Und sie hat nur Angst, aus dem Gewohnten zu fallen. So will sie den Eindringling vertreiben, findet aber nicht den Weg zur Beratung, hat noch Hoffnung, es geschehe eine Verwandlung. Oder sie schlägt vielleicht drauflos, als wäre in ihr ein Brutkasten mit fremder Ware. Und dann gebiert sie ohne helfende Menschen, mutterseelenallein, wie ein Tier, und nimmt das blutende Etwas, wickelt es in die Decke, die eben als Unterlage diente, kleidet sich an und entledigt sich der verhassten Brut.

Abgrundtief verzweifelt ist die Frau, sie wird ihr Leben lang die sein, die im Stich gelassen hat. Und darum sind fast alle Mittel, dass es so nicht kommen muss, gut. Gut die Babykästen wie warme Brottrommeln, wo man unbemerkt das Kind ablegen kann, und es kommt sofort zu hilfreichen Menschen. Gut, dass Frauen auch straffrei bleiben, wenn sie es ablegen an der Pforte eines Krankenhauses, der Polizei, bei Rot-Kreuz-Stationen. Und per Notruf sagen, was ist.

Das gibt es, dass ein Kind zwei Mütter braucht, eine zum Gebären, eine zum Großziehen. Und beide haben ihren Dienst getan an diesem Kind Gottes, das leben soll, unbedingt. Es kann sein, dass Mütter nicht mehr können, zumal wenn Väter sich versagen. Dann haben sie das Recht, um Hilfe zu schreien. Und bis hin zur Freigabe zur Adoption dürfen sich Mütter trennen, wenn sie nicht mehr können. Und niemand anderes hat dies zu beurteilen, außer dem Vater, wenn er bereit ist, alles auf sich zu nehmen. Wie Männer weglaufen, so muss das auch Frauen möglich sein, bei aller Tragik. Aber ein Kind töten ist, als würde man die Sonne auslöschen und alles wird zu Eis. Ein Kind muss leben. Dank allen, die dabei helfen. Die geboren hat und übergibt, hat dem Leben schon viel geholfen und soll noch anders wieder glücklich werden.

Glückskind – Schulanfang

Lieber kleiner großer Mensch! Heute fängst du Schule an. Das ist was ganz Riesiges. Du darfst das Wissen der Menschheit kennenlernen. So viele Menschen haben vor dir auf der Erde gelebt und haben gefunden, was etwas bedeutet und wie was zusammengehört. Und sie haben gelernt, miteinander sich zu vertragen. So viele Menschen leben auf dieser Erde, alle wollen satt werden und eine Wohnung haben, und alles macht Arbeit. Man muss ein Kochbuch lesen können und Märchenbücher und muss die Zahlen zählen können, weil man sonst im Geschäft nicht weiß, was es kostet. Und schreiben muss man auch können. Wie schön ist es, wenn man der Oma einen Brief zu ihrem Geburtstag schreiben kann. Und überhaupt Gedanken aufschreiben ist doch das Größte; dem Freund einen Zettel schreiben können, dass man sich nachher treffen will, oder eine SMS aufs Handy – du weißt schon was das ist?

Du hast ja schon soviel gelernt. Als du geboren wurdest, wusstest du kein Wort. Und wieviel Wörter jetzt schon? Du kannst andern sagen, was du willst. Und kannst mit ihnen beraten, kannst dich streiten, ohne zu treten. Je mehr Wörter du kennst, desto besser kannst du einen verstehen und ihn fragen, warum er traurig ist. Dann erzählt er es dir und du kannst ihn trösten und vielleicht machen, dass er wieder lachen kann.

Also Sprache lernst du und damit viele wichtige Gedanken, Rechnen lernst du, nicht nur zusammenzählen und teilen und so, später auch, wie man es schafft, eine Mauer gerade zu bauen, und wieviel Benzin ein Auto verbraucht bei welcher Geschwindigkeit. Und vielleicht lernst du ja soviel, dass du später einen Motor erfindest, der weniger Benzin braucht. Und dann hilfst du der Menschheit und verdienst noch ganz viel Geld.

In der Schule lernst du das Wissen der Welt; lernst, welches Wissen man braucht, z.B. im Straßenverkehr oder beim Baden; und lernst, wo man all das Wissen finden kann. Darum sind Vater und Mutter ja so stark im Kopf, weil sie wissen, was wichtig ist und wie man da ran kommt.

Aber auch die Großen lernen noch. Stell dir vor, alle zehn Jahre gibt es doppelt soviel Wissen wie vorher. Und alles Wissen wird transportiert mit den zehn Zahlen und den 26 Buchstaben, die du schon kennst. – Du wirst ganz viel wissen bald – wenn du nur Lust behältst auf Neues. Du kannst schon den Videorecorder bedienen, vielleicht kannst du mal eine Mondrakete steuern oder einen Operationsroboter, mit dem man ein Knie heilmachen kann. Oder du verstehst die Menschen innen, wie sie glücklich werden können.

Jedenfalls machst du heute einen Riesenschritt hin zum Großwerden: Du darfst zur Schule, du darfst lernen, du lernst zu merken, wie wunderbar die Natur ist und was gut ist und was schadet. Du, der Lehrer, die Lehrerin mag Kinder, mag dich. Ihr werdet viel lachen. Du machst es gut.

Ein Hoch
auf den Konfirmanden

Von nah und fern sind wir zusammen gekommen, um deinen bisher größten Tag zu feiern. Du tust den Schritt vom Kindsein ins Erwachsenenleben. Du weißt kaum, wie dir geschieht: Aber dieser Segen heute in der Kirche soll dich stärken in Vernunft und Zuversicht. Und wir alle, Eltern, Paten, Großeltern, Verwandte konzentrieren all unsere Wunschkraft auf Dich: Gut sollst du es machen, gut sollst du werden, gut sollst du es haben.

Die ersten 14 Jahre Leben liegen hinter dir, und du kannst zufrieden sein. Was du alles gelernt hast, so dicht gedrängt, so tiefgreifend – das ist ein Schatz für immer. Bewahr dir vor allem: Du bist geliebt und du bist nötig. Du kannst schon viel und weißt schon Gefahren abzuwägen. Starker Lernstoff war dein Laufenlernen. Tausendmal bist du hingefallen, aber tausendundeinmal wieder aufgestanden. Du hast Energie. Du hast Power.

Auf eine Gabe achte besonders: Freunde braucht man sehr. Dazu muss man Menschen achten, sie mögen, sich mit ihnen aussprechen und sie vor andern entschuldigen. Freunde wollen einander verstehen. Diese Lust, andere verstehen zu wollen und ihnen beizustehen, dass sie mit sich klarkommen, entwickle diese Neigung. Sei dir auch selbst ein Freund. Also sei interessiert, warum du was denkst und wie die Menschen zusammengehören. Nimm dich ernst, verachte dich nie und stopf nichts in dich hinein.

Es gibt viele Gründe, schlecht von sich zu denken. Dann krallt man die Nägel ins eigene Fleisch. Oder schmeißt seine Tasche wütend in die Ecke oder verkracht sich mit allen. Wir können uns manchmal nicht leiden. Weil andere schneller sind oder teurer angezogen oder mehr in der Clique gelten. Aber mach dich nicht schlecht, verachte dich nicht. Denk gut von dir. Du bist eine einzigartig wunderbare Schöpfung. Es gibt was, was nur du kannst. Es gibt den einen Menschen, der nur auf dich gewartet hat – du wirst ihn entdecken im Laufe der Zeit. Aber lass dir Zeit für die endgültige Liebe, für den Menschen, mit dem du einmal gerne alt werden willst. Und du wirst noch oft so dringend gebraucht. Weil du nicht da bist, sondern woanders, wartet alles auf dich. Wir sind sehr gespannt auf dein weiteres Wachsen und Werden. Und werden dir in kniffligen Lagen zur Seite springen, wenn du uns lässt.

Eins noch. Wir blicken heute nach vorn und zurück: Wie hast du dich gemacht! Alle Achtung. Aber »gemacht« – das sagt man so, dabei bist du dir doch geschehen. Wir alle können nur danken, dass wir so dran sind, wie wir es sind. Alle Begabungen sind Gaben, alles Vermögen ist anvertraut, um Gutes damit zu bewirken. Alles hat seinen Preis und braucht Mühe; und alles ist Geschenk, ist Gnade, ist zum Staunen. Dir wünschen wir ein wunderbares Leben!

Schaut mal, ob ihr passt

Jetzt ist es geschehen, jetzt haben sie einander bemerkt. Sie hielt ihm die Tür auf, als er beladen mit Zeug nach den Schlüsseln nestelte. Tags drauf beim gemeinsamen Bäcker holte jeder seine zwei Brötchen, und er sagte: »Dann können wir auch mal gemeinsam Kaffee trinken.« Und sie sagte: »Also in einer halben Stunde bei mir auf dem Balkon.«

Na ja, sie passen vom Alter, von der Größe, sie haben Anlass, sich nicht unsympathisch zu finden. Sie sind beide bereit, mit dem richtigen Menschen sich wieder näher zu befreunden. Beide haben je für sich geschworen, beim nächsten Mal ganz in Ruhe zu schauen, wem sie trauen.

Wenn sie das nur könnten: Sich langsam annähern, behutsam sich erkunden. Hat er überhaupt Lust, mich kennen zu lernen, oder reicht ihm »Frau ist Frau«? Hat sie überhaupt die Geduld, mein Anderssein zu merken? Oder will sie nur wieder einen Mann, am liebsten den von damals? Irrlichtert der/die Ehemalige noch als Gespenst der Sehnsüchte? Sind da Gerichtssachen, unbezahlte Rechnungen, Erblasten? Und wie erwirbt er/sie Geld? Hat er bezahlte Arbeit, kann und will nützlich sein? Tut der Mensch gern, was er tut, oder jammert er oft, schleppt sich mehr zur Arbeit? Warum sucht er dann nichts Passenderes? Leidet er lieber, als sich entschlossen um Abhilfe zu mühen? Dann könnte er/sie dich gut brauchen als Klagemauer? Das fehlt dir noch.

Und wie denkt der Mensch von Kindern? Kinder lieben heißt anfangen, heißt lieben, spielen, hoffen, werden. Oder fühlt er sich gestört, kann sein Kind in sich nicht leiden?

Wie steht er zu seinen Eltern, wie redet der Mensch von Älteren? Sollte er wegwerfend über seine Herkunft reden, dann leidet er an schwachen Wurzeln. Passen die Hobbys, die Interessen, der Geschmack, das Tempo? Habt ihr Gemeinschaft im Humor; glaubt er/sie an so was wie Gott, an weiten Horizont, ist er dankbar; ist er verträglich?

Redet erst mal viel, unternehmt viel, erfahrt euch. Und lasst eure Körper nicht schneller sein als eure Seelen. Wenn man sich riechen kann, das muss man allerdings ganz früh merken, dann fügt sich Umarmen ganz von selbst. Nirgends liegt die Seele so obenauf, wir sind in der Person ganz tief berührt, wenn wir uns berühren, unsere Ehre nährt sich von Angenommensein.

Man muss lange noch immer gut zurückkönnen, ohne das Gesicht zu verlieren, ohne sich verantwortlich gemacht zu haben, ohne zu kränken. Anderer Leute Leben zu besuchen und zu verlassen, ohne Seelenwunden zu schlagen, ist eine menschenfreundliche Kunst. Lasst es langsam angehen. Wenn ihr euch bestimmt seid, wird's.

Was sollte man vor der Ehe regeln?

Ehe ist Liebe plus Zeit, eigentlich »bis dass der Tod uns scheidet«; Ehe ist auf Dauer angelegt; wenn man nicht den Horizont ewig meint, sollte man es ganz lassen. Aber die Liebe lässt sich nicht zementieren, nicht als Haustier halten, lässt sich nicht versprechen. Die Liebe, heißt es in der Bibel, »ist stark wie der Tod und eine feurige Flamme des Herrn.« Sie lässt sich nicht kasernieren, auch durch gesegnete Ringe nicht an die Kette legen. Sie ist Wunder, ist nur zu erbitten.

Man kann sich Soziales versprechen, Fürsorge, Beistand, Pflege, aber eben nicht Begeisterung, den andern immer richtig zu finden. Vielleicht können wir Treue versprechen, aber eigentlich wollen wir nicht die Treue, sondern seine Liebe. Und wer meint, er hätte die Liebe des andern sicher, wenn der keinen anderen Menschen anguckt, dann kann noch immer sein Herz bei den Kaninchen sein oder beim Kirchenchor oder bei seiner Forschung. Die Liebe ist eine Gnade.

1999 wurden 430 000 Ehen geschlossen. Von allen bestehenden Ehen wurden 192 000 geschieden; von 1 000 Ehen etwa zehn. Wieso behauptet wird, jede dritte Ehe werde geschieden, weiß ich nicht. Aber es sind viel zu viele, die einander kündigen, sich verlieren; wo einer den andern sitzen lässt, oft mit Kindern und Schulden dazu. Trostlos ist, wie viele Männer die Frau und Mutter der Kinder verraten, wie viele sind so kaputt im Kopf, dass sie den Unterhalt schuldig bleiben. Nicht zu verstehen die neue Frau, die Geld mit verbraucht, das den Kindern vom Munde geklaut ist. Wer zu einer neuen Liebe aufbricht, sollte eher nackt vom Hof reiten, als die neue Zukunft zu finanzieren auf Kosten der Zurückgelassenen. Bricht einer zu neuem Glück auf, der Verlassene aber hat lange nur die Scherben im Schoß, dann ist das ein schlechter Start.

All die Verträge, die wohlhabenderen Partnern Vorteile sichern sollen gegen ihre Partner, sind sie nicht schlechte Starts? Da ist doch der Argwohn eingebaut. Sicher gibt es Regelungsbedarf in komplizierten Fällen, aber Ehe zielt auf Dauer, Regelungen zielen auf Scheidung. Gut jetzt, dass Regelungen kraftlos werden, die einen knebeln können. Was bringt ein Vertrag, der Wohlverhalten belohnt, Ehrlichkeit aber bestrafen würde. Der Vertrag zwänge doch im Ernstfall nur zu mehr Raffinesse, also zu noch mehr Hass und Verrat, Liebe lässt sich nicht sichern.

Mancher ist so stolz, dass er des andern Geld ablehnt und darum Gütertrennung will. Aber er will doch den andern Menschen. Von der Last, die der mit seinem Besitz hat, kann sich der Liebende nicht freihalten, jedenfalls nicht in einer Ehe. Aber Gütertrennung verlangen? Es ist nicht in der Liebe, wenn sie sich was vorenthalten. Gut, sie sind wenigstens ehrlich und sagen es vorher. Besitz, Freiheit, Schönheit, Freude, Verantwortung, das Genießen des Gelingens – wie kann die Liebe eins draußen halten?

Euer Kind ist besonders heilig

Viel Tränen, Leiden, Traurigkeit ist um euch Eltern und euer Kind mit seinem Zurückgebliebensein. Ihr kämpft um seine Fortschritte, ihr wart oft im Krankenhaus mit ihm, ihr habt die lieblos-törichten Blicke und Fragen eurer Mitmenschen aushalten gelernt. Und einzigartig ist eure Wonne, weil mit Wehmut verschmolzen. Die Zeichen seines Glückes könnt ihr lesen, und ihr staunt vor diesem Kosmos einzigartiger Begabungen.

Ja, euer Kind kann einiges nicht, was anderen leicht ist; oder es muss sich mühen bei Abläufen, die anderen wie von selbst gelingen. Einiges wird es gar nicht können. Aber dieser Mensch ist noch einzigartig wunderbarer als die Anderen alle.

Ihr habt das Kind angenommen aus der Hand des Lebens, des Schicksals, Gottes. Hoffentlich habt ihr es taufen lassen, weil man es dann »schriftlich« hat: »Gott liebt dich und braucht dich, genau dich. Und deine Eltern sind die ersten Engel, die ersten Mitarbeiter Gottes für dich. Und es sind gerade diese Eltern, denn sie haben und können, was du brauchst. Sie bestätigen dir: Gut, dass du da bist und dass du du bist. Und sie werden dir gut sein, aber sich darüber nicht vergessen.« Die Taufe in der christlichen Gemeinde ist ein starkes Bild davon, dass wir zusammengehören, viel mehr als wir mit unsern je eigenen Portemonnaies und eigenen Mägen gewöhnlich erleben. Ein Kind mit Behinderung hat ganz besonders alle zu Geschwistern. Wenn wir nur mehr unser Herz sprechen lassen.

Das ist noch zusätzliche Aufgabe der Eltern. Bitte, zeigt unverwandt euer gutes Gesicht. Wenn andere abweisend dem Kind begegnen, bekehrt sie von der falschen Bauformel, alles sei machbar und wir seien Herren der Gene. Dagegen setzt eure Liebe, zu diesem, genau diesem Kind, das nimmermehr dieses wäre, wenn es anders wäre; das, auf die Waage gelegt, schwerer wiegt als der Rest der Welt.

Schwierig dazu ist die Ungewissheit über die weitere Entwicklung. Da hilft nur, heute an heute zu denken. Morgen, nächstes Jahr, in zwanzig Jahren tut sich die Hilfe auf, die dann dran ist. Es ist unglaublich, wie viel Liebe in der Menschheit steckt und sich herausstellt, wenn die Not da ist. Jeder ist auf andere angewiesen, wir alle brauchen die Hilfe aller. Und jeder Mensch hat seine Gaben, die genau für seine Aufgaben richtig sind.

Wir brauchen einander, wir mehr oder weniger Behinderte. Und wer ist denn kranker, der Kranke oder der, der, meint, das Schicksal bleibe ihm erspart durch Vermeiden der Nähe. Die durchschnittliche Ungeduld gegen Leiden ist doch nahe am Wahn, und ganz verrückt ist es zu meinen, man könne sich Leid ersparen, indem man es aus seinem Gesichtskreis verbannt. Dabei kann man viel für sich lernen, wenn man Eingeschränkt-Lebenden nah bleibt. Ihre Kompetenz für ihre Lage ist allermeist riesig, und sie schöpfen den Rahmen ihrer Kräfte beispielhaft aus.

Vom Glück eines eigenen Hauses

Heutzutage wohnt man auch zur Miete gut und hat die Auswahl. Und doch bleibt ein eigenes Haus des Menschen stärkster Sachwunsch. Gar nicht nur aus Lust am Besitzen. Es bringt das Wissen, wo man hingehört, schafft Heimat, hilft zum eigenen Reich: »Jeder Hund ist Löwe in seinem Haus«, sagt ein italienisches Sprichwort.

Es gibt genügend Vorschriften, die auch Hausbesitzer in ihrem Freiheitswillen arg beschneiden. Man kann nicht einfach noch ein Stück dranbauen, Gestaltungssatzungen schreiben Geschoßhöhe, Fenstergrößen und vieles andere vor. Und die über den Zaun ragenden Äste, das zum Nachbarn treibende Laub haben schon manche Nachbarschaft vor Gericht gebracht. Und doch ist es ein Glück, nur die Stimmen und Toilettenspülung der eigenen Familie zu hören, nicht ertragen zu müssen, was der Nachbar hinter der dünnen Wand für Zimmerlautstärke hält, keine immer nachwachsenden Mieterhöhungen schlucken zu müssen. Herrlich auch, im Eigenen nach Herzenslust brüllen oder singen zu können, wenn die Familie mitmacht, auch Hunde und / oder Katzen nach eigener Lust zu hegen. Und feiern können mit lieben Freunden, sooft und so lange einem danach ist.

Ein eigenes, bezahltes Haus ist wohl auch die festeste Sicherheit, die auf Erden zu haben ist. »Wer sein Haus baut von fremdem Geld, der sammelt Steine zu seinem eigenen Grab«, warnt dagegen die Bibel (Jesus Sirach 21,9). Inzwischen gibt es ja verlässliche Bausparkassen, die bei genügend Eigenanteil den Rest zu fairen Bedingungen vorschießen. Aber wie viele Menschen haben ihr Haus »auf Sand gebaut«, auf windige Aussichten und vage Versprechen von Verwandten und Kollegen. Und sie mussten abbrechen, die Träume vom eigenen Paradies hielten der Wirklichkeit nicht stand. Man hatte seine Kraft überschätzt, die Kosten falsch berechnet, die Wünsche nicht beschnitten. Schmerzlich auch die Verluste durch Scheidung, was man zu zweit noch schultern konnte, muss man fahren lassen, damit jeder neu starten kann, irgendwie.

Ein eigenes Haus hielt schon der Prediger der Bibel (2,4) für höchst wünschenswert: »Ich tat große Dinge, ich baute mir ein Haus und pflanzte einen Weinberg« – gut, wenn man nicht bei Null anfangen muss. Es ist ein Werk des Friedens, wenn Eltern und überhaupt Allernächste denen, die sie lieben, zu Eigenem verhelfen. Nicht, dass sie sich zu Lebzeiten schon ausziehen; nicht, dass sie sich für die Kinder arm machen! Aber »der Eltern Segen baut den Kindern Häuser« (Jesus Sirach 3,11).

Doch, wenn auch Beistand hoch willkommen bleibt, am schönsten ist das Haus aus eigener Kraft. Das auch euch als Paar ausdrückt. Das für lange Zeit noch in Liebe ausgebaut und mit Liebe gefüllt sein will. Das anschaubar macht den Nutzen von Arbeit – eigener und fremder. Das auch schätzen lehrt, was andere errungen haben. Das dankbar macht.

Wie leben mit dem Tod eines Kindes?

Stirbt uns ein Kind, dann schmerzt das ohne Ende, es reißt an uns, wir halten uns für schuldig, nicht achtsam genug gewesen zu sein; und fragen uns, warum dies junge Blut davon musste und nicht wir, die Eltern, warum nicht die Alten.

Wir sind wie Beraubte, wir hätten so gern das Kind heranwachsen sehen. Jetzt ist es für immer von uns weggeflogen, und wie freudevoll war sein Lachen, sein Jauchzen, seine ersten Schritte, sein Verständigsein. Zu gern hätten wir erlebt, wie es Jahr um Jahr zulegt an Alter und Wissen und Können. Überhaupt war das das Schwerste überhaupt, der kleine Sarg, die kalte Erde, dies Weggehen müssen, das Alleinlassenmüssen. Gern wäre man selbst stattdessen gestorben, man ist ja auch mitgestorben, blieb abgestorben lange Zeit.

Doch das Leben ging weiter. Und was damals unmöglich schien, ist geschehen: Langsam wurde uns der Tod unseres Kindes aus dem Mittelpunkt gerückt. Erst kreisten alle Gedanken um das Fehlen, dann wurde der Kreis größer, es schoben sich andere Gedanken dazwischen. Inzwischen leben wir auf unbeschreibliche Weise mit dem Kind, auch wenn wir ganze Tage nicht von ihm sprechen. Das Kind ist als Abwesendes bei uns. Wir haben einige Fotos über die Wohnung verteilt, wir haben seine Sachen verschenkt an ein Kinderheim in unserer Nähe, zu dem wir auch Verbindung bauen wollen.

Inzwischen ist es unser guter Engel. Manchmal treffen wir einen jungen Menschen, der unserm Kind ähnlich sieht – und wir sagen dann: Ja so könnte es jetzt aussehen. Wir sind sicher, dass es ist, vorhanden ist, nicht weit weg, vorweggenommen dahin, wo es herkam. Und der es herschickte, der hat es wieder gerufen, wir wissen nicht warum, aber wir wissen es im Guten.

Ein Bild hat sich uns eingeprägt: Ich stehe an der Küste. Vor mir entfaltet eine Jacht ihre weißen Segel. Sie gleitet im Wind hinaus auf den Ozean, und irgendwann sehe ich sie nur noch als eine kleine weiße Wolke am Horizont. Da ruft jemand: Sie ist verschwunden! Verschwunden? Nur aus meinem Blick. Sie ist noch genauso groß, wie sie es war, als sie mich verlassen hat. – Also in dem Moment, wo ich rufe: Sie ist fort! wird an anderer Stelle gerufen: Da ist sie! So ist das Sterben.

Sicher wären wir gern uralt mit ihm geworden, und es hätte uns begraben, aber sein Lachen, sein Weinen, seine Hände, sein Antlitz, seine kurze Spanne Zeit waren ein großes Glück für uns. Und wir hatten kein Recht auf sein Hiersein. Unermesslich sind wir beschenkt worden und unsere Seele ist reich geworden an Trauer und Dank. Wir sind mehr wir selbst geworden. Und unsere Weltsicht hat sich geweitet. Wir hatten einen Gast vom Himmel. Der hat uns leben gelehrt, dann ging er wieder nach Hause. Wir können uns unser Kind als heil vorstellen. Aber manchmal, da weint es einfach aus einem heraus.

Einem Paar in der Krise

Ihr leidet. Ihr tut einander mehr weh als gut. Ihr erwägt schon mal, auseinander zu gehen. Wenn das so weiter geht, euer Beschuldigen und wechselseitiges Schwächen, dann ist bald der letzte Rest an Liebe aufgezehrt. Ihr wisst immer besser, was weh tut dem Andern, und könnt auch noch besänftigen, selbst jetzt noch, da ihr euch viel aus dem Weg geht.

Zieht mal Bilanz, eine vorläufige. Strebt jeder weg, weil er nichts mehr geben kann, nichts mehr nehmen will, will nur Ruhe oder spürt schon den Sog zu einem andern Hafen. Dann lasst euch endlich in Ruhe, keine Vorwürfe mehr, kein Baggern mehr, auch das wechselseitige Nutzen einschränken, nicht mehr fragen und es laufen lassen, mal sehen, wie's wird.

Oder, wenn ihr beide noch aneinander haltet, gebt euch noch mal eine Frist.

Und macht mal offen Geschäfte. Tauscht und handelt bewusst das Abstellen handfester Ärgernisse aus, eins zu eins, und Freundlichkeiten Maß für Maß. Die Mühen, Pflichten, Vergünstigungen (z.B. das gemeinsame Auto) werden neu verteilt, jedenfalls fallen die eingefahrenen Privilegien weg. Die waren erträglich aus Liebe, wo ein Hauch Unterwerfung immer auch zugehört; aber jetzt muss erst Fairness einkehren. Ob jeder gern er selbst ist, er selbst sein kann, ohne sich zu ducken in diesem Bund, ohne die erlernte, die eingefleischte zu Schanden gegangene Behutsamkeit, das sollt ihr ja ausloten.

Und nicht pochen auf gläsernen Kalendern, keine Kontrolle. Aber Verabredung gemeinsamer Zeiten; und die werden gestaltet nach wechselndem Vorschlag. Machst du den Abend das mit, dann mach ich den nächsten Deins mit.

Euer jeweiliges Maß an Nähe und Abstand lebt sehr bewusst. Was man jahrelang, um nicht zu enttäuschen, mitgemacht hat, nun nicht mehr. Ihr wollt ja gerade euer ehrliches Nötiges, was ihr miteinander leben wollt, neu erfühlen. Vielleicht zum ersten Mal traut ihr euch, einfach zu sagen was ist. Vielleicht ist das entlastend. Lasst jedenfalls das Reden von Schuld und Sünde. Es ist, was es ist. Und nur das ist die Frage, ob du mit diesem Wissen bei diesem Menschen bleiben willst.

Ein Paar bleiben und jedem seinen Weg zugestehen, das geht, wenn die Wege nicht entgegengesetzt sind, sondern immer wieder im Gemeinsamen münden. Solange ihr euch auf dem Laufenden haltet über euch, durchaus selektiv-authentisch, muss viel Verschiedenheit nicht voneinander wegreißen. Das Interesse aneinander verlieren, sich nicht mehr zuständig wissen auch für des andern Glück, das trennt. Was trennt, ist der Verlust der Liebe. Und da Liebe Geschenk, Wunder, Gnade ist, die wir zwar mit Vernunft schützen können aber nicht halten und machen können, darum ist das Verlorengehen der Liebe nicht Schuld, auch wenn viel Schmerz und Trauer dabei ist. Aber noch hält euch was. Noch habt ihr eine Frist.

Wenn Scheidung sein muss

Kirche traut gern, die Evangelische zunehmend auch Geschiedene. Sie hat Jesu Wort langsam verstanden, er sei nicht gekommen zu richten, sondern zu retten. Auch sein Wort: »Was Gott zusammengefügt hat, soll der Mensch nicht scheiden« ist kein Gesetz, sondern ein Segen. Er stellt unter Gottes Schutz; sagt zu, dass die Liebe bei ihnen bleibt, solange sie glauben, dass sie einander anvertraut sind.

Die Trauung spricht die beiden einander zu als Gabe und Aufgabe und betet für sie um Phantasie, Treue, Mitfühlen, viel Lachen, viel Verstehen; und Bereitschaft zum Sozialen und vor allem um Zeit. Und dass sie immer wieder ein Ganzes werden.

Symbole stärken diesen Bund. Sie kommen zur Kirche und bestätigen einander, dass sie ihre bisher getrennten Wege jetzt am Altar in einen Weg münden sehen. Die Frage, ob sie sich annehmen wollen aus Gottes Hand und sich lieben wollen, bis dass der Tod sie scheide, bejahen sie. Und geben einander die Ringe aus dem gleichen Gold als Sinnbild für unendlich und echt.

Ob sie aber einander »Bessere Hälfte« bleiben und immer mehr werden, ist fraglich. Ehe ist Arbeit. Immer wieder aus zwei Charakteren, Körpern, Seelen, Köpfen, aus zwei Wunschwelten, Sprachspeichern, Geschwindigkeiten, Kalendern ein Ganzes zu bauen, das verlangt ein Zueinandergehören, das nicht von dieser Welt ist. Dies Zusammengehören kann natürlich auch Kirche nicht garantieren. Viele

Ehen hätten gar nicht geschlossen werden dürfen. Oder mussten sein, damit genau dieses Kind geerdet werden konnte, hatten aber darüber hinaus keinen Halt. Jedenfalls ist es gut, dass Ehen auch wieder geschieden werden können. Wenn die Zwei sich nur immer noch weher tun, ist ihre Liebe aufgezehrt, und sie müssen sich lassen.

Kirche ist jetzt häufiger gefragt, ob sie nicht zur Scheidung auch ein Ritual anbieten kann. Wir Menschen brauchen ja an den Scharnierstellen unseres Lebenslaufes Geleit und schützende Worte. Und wenn Kirche dem Ehebeginn soviel Aufmerksamkeit schenkt, dann ist das Ende der Ehe doch auch ein Wort Gottes wert.

Wenn für die Kinder das Elternsein beider aussichtsreich geregelt scheint und die Versorgung fair geordnet ist, können beide vom Altar aus wieder zu getrennten Wegen einander freisprechen. Können danken für die Zeit der Liebe und Freude, können einander vergeben Schuld und Gehässigkeit, können die Ringe auf dem Altar zurücklassen, mit der Auflage, sie fünf Jahre zu verwahren und dann etwa für Brot für die Welt einzulösen. Sie können füreinander beten und sich segnen lassen für den je eigenen Weg. Kirche ist für Krisen da. Sie begleitet Sünder, die sich auf irdische und unvollkommene Weise lieben. Darum darf Kirche auch die Bruchstücke der Liebe segnen.

Seinen Enkeln zuschauen zu dürfen

Zum ersten Mal einen Enkel für vierzehn Tage zu Gast haben – und man kommt aus dem Staunen nicht heraus. Eben mal gut tausend Tage auf dieser Erde, sind sie hier schon heimisch, meinen, alles gehöre ihnen und alle Menschen seien lieb. Wollen tun sie unbedingt. Mal helfen sie beim Aufdecken, mal nicht; mal baden sie begierig, mal laufen sie vor dem Duschen weg. Mal streicheln sie, mal treten sie Opa, weil er kein zweites Eis bewilligt. Sie wollen Grenzen merken, wollen wissen, ob ein »nein« Schluss meint oder doch ein »vielleicht« bei sich hat. Sie sind von Kraft getrieben, wie die großen Abenteurer sie hatten, immer neue Räume nehmen sie in Besitz. Sie lüften Deckel, sie öffnen Schubladen, sie suchen sich Schlüssel für die verschlossenen Türen. Sie schauen in Nähkästen und Schmuckkästchen und Werkzeugkoffern nach und versuchen alles zu handhaben.

Sie probieren Salben aus und kleiden sich neu ein. Sie malen Malbücher aus und Tischdecken an und Frühstücksteller, ehe man sich versieht. Sie gehen ans Telefon und erledigen manches. Noch machen sie in die Windeln, ziehen sich dazu aber unter den Tisch zurück. Auf dem Spielplatz klettern sie auch die Rutsche rauf wie die Größeren. Sie lernen im Nu die verschiedenen Geräte zu nutzen, die andern Kinder sind die Herde, zu der sie gehören, bis einer unsanft gestoßen hat und Oma ein Pflaster zum Trost anbringt. Unbändig ist auch ihr Wille, aufzustehen, wenn sie fielen, und weiterzumachen. Wenn sie die Packung nicht aufkriegen oder den Gurt nicht schließen können, kämpfen sie. Und will man zu früh helfen, rufen sie »selber, selber«. Der Tätigkeitsdrang ist von keinem Ställchen mehr gepfercht. Entsprechend geschafft sind die Großeltern am Abend. Und die Brut will immer noch: Der Mond ist aufgegangen – wir müssen es viele Male singen.

Und beten für Papa und Mama und die anderen Großeltern und die Kinder im Haus und Schnüffel, das Lieblingsschmusetier. Und noch danken fürs Kutschefahren, für Paul, den Kutscher und Max, das Pferd, und erinnern, wie weich sich ein Pferdemaul anfühlt, als das Kind nach der Fahrt dem Pferd die Möhre reichen durfte, seine Hand in des Kutschers Hand geschmiegt. Unfassbar ist, dass die Kinder in diesem Alter täglich und spielend wohl zehn bis zwanzig Wörter lernen; dreimal gehört, schon ist es einverleibt in ihren Schatz. Wohlwahr: Muttersprache, Großmuttersprache – die reden mit den Kindern. Und grandios: Nie wieder lernen sie so viel Neues wie jetzt. Wenn man sich Zeit für sie nimmt. Auch in eine Kirche gehen und beim Feuerwehrfest ins rote Auto steigen dürfen; Pommes backen und auf einen Bahnhof gehen, Züge gucken; ein Geschenk schön einpacken, und sehen, wie die Boote ganz platt auf dem Schlick liegen, weil das Wasser weggelaufen ist. Wie zittert man um alle Kinder. Wer könnte eines Kindes Feind sein, wer?

Streit um das Erbe

Ich habe mich gefreut, als ich beim Tod meiner Mutter – lange nach meinem Vater – an die zwanzigtausend Mark geerbt habe wie die Geschwister. Es blieb einfach noch dies Sümmchen übrig, nachdem Beerdigung und Friedhof und Kaffeetafel und Renovierung der Wohnung bezahlt waren. Alle Kosten für Pflege im Alter hatte sie selbst begleichen können. Wer ihr gut war, den honorierte sie prompt – sie legte Wert auf diese Begabung, sich nichts schenken lassen zu müssen. Sie hatte maßvoll gelebt, lieber Kakteenableger verschenkt als Scheine, so kam sie über die Jahre ohne Not. Dass dann noch ein Sümmchen für Kinder und so auch für Enkel überblieb, hat uns gefreut. Verdient hatten wir es nicht.

Wer hat denn überhaupt Anspruch auf Erbe? Klar ist das geordnet mit Regeln, die den Rechtsfrieden wahren helfen. Aber was an Hass und Argwohn, an Neid und Verletzung in die Welt kommt, weil der eine mehr und der andere weniger erbt, das ist monströs. Ob es um Aktienpakete geht oder um die eine Goldkette, ob um das Haus oder die Tischdecken – erbitterte Fehden folgen aus vermeintlicher Ungerechtigkeit.

Dabei kann man seine Seele in Sicherheit bringen mit dem schlichten Gedanken: Ich erhebe keinen Anspruch auf Güter, die ich nicht erworben habe; jeder hat das Recht, sein Eigentum zu verwenden, wie er möchte und wie er sich getraut, es vor Gott mal zu verantworten – dazu gehört grundsätzlich auch Bestimmungen über den Tod hinaus. Sollten die Eltern so töricht gewesen sein, die Kinder ungleich zu bedenken, so gleiche als Begünstigter die Delle aus. Denn du warst doch vorteilhafter bedacht, weil du dich vorteilhafter bei den Eltern beziehungsweise Verwandten gegeben hast. Solltest du mehr Mühe aufgewendet haben, halt dir das ein Stück zugute. Aber bist du klug und nicht raffig, dann hast du die Nächstenliebe stellvertretend getan. Gestatte dir das Glück dieses guten Denkens von dir: Und du bist in guter Gesellschaft. Ganz erstaunlich, wie viele Geschwister und Verwandte mitfürsorglich sind für andere, einfach so.

Wichtig ist, dass du Frieden hast. Du, bleib nichts schuldig. Lieber, dass man dir was schuldig bleibt. Solange du dein Auskommen hast, lass es gut sein. Lass die anderen mehr kriegen, wenn du innerlich in Ruhe bist; zeig ihnen dein lächelndes Gesicht. Erheitere dich bei dem Gedanken, wie du den Eltern zugestehst, nach ihrem Belieben geschaltet zu haben. Und freu dich, dass du klar kommst mit Deinem. Den anderen wünsche Glück mit dem ungerechten Mammon. Gerade, wenn sie mehr behalten, als Recht ist, ist es wahrscheinlich, dass sie sich Ärger einhandeln, weil sie jetzt ein zu großes Rad drehen.

Manche brauchen einfach mehr, weil sei ihren Wert am Besitz ablesen. Und wie erklärst du dir, dass du dir diesen Schuh nicht anziehst? Du hast mit dir Glück, du bist geliebt, du kannst in deinem Maß leben, du zersorgst dich nicht, hast einfach mehr Vertrauen, in allem.

Sechzig geworden

(Mai 2000; sehr persönlich) – Mein Vater wurde zweiundsechzig; klar, der Krieg; er kam schlohweiß mit 36 nach Hause, später drei Herzinfarkte. Ich habe niedrigen Blutdruck und wohl gerade noch pünktlich das Rauchen aufgegeben. Gern würde ich alt. Verräterisch, dies Reden; als wäre ich noch jung. Dabei, mit Kindern und Enkeln gesegnet, ist man denen so alt wie die Welt. Die wirklich Jungen stehen in den Startlöchern, warten, dass man die Stelle freigibt.

25 Jahre Kind, Schüler, Student; 35 Jahre Verantwortlicher – das macht doch das Erwachsensein aus. Tun und Lassen bewirken, viel besorgen und abschätzen. Ob mit dem Wind gehen oder gegen den Wind kreuzen – dauernd muss man abwägen, die Folgen berechnen. Für andere mitdenken, in ihren Schuhen ein Stück mitgehen, Pastor sein, also pastoral care, fürsorglich, freilassend, Probleme, vermeintliche Zwänge lockern. Immer wieder weiten Horizont schaffen durch Unterscheiden: Hier das Faktum, da die Bedeutung. Der Tatbestand etwa von Schulden, Verrat, Mobbing ist das eine; was das jetzt dir bedeutet, ist ein anderes. Allein schon dies Auseinanderlegen schafft Freiraum. Wir müssen wenig und dürfen ganz viel.

Der Beruf macht, dass ich Lebensläufe an ihren Schnittstellen begleiten darf. Das rüttelt einen ziemlich, man ist mit in der Küche, wo Schicksal zubereitet wird. Und Dolmetschen, was Geborenwerden und Sichanvertrauen und Sterben sein kann, macht Leben hell. Wir Menschen sind ja unheilbar religiös und darum gefährdet, Mummenschanz für heilig zu halten. Glück und Fron zugleich ist mir das fast ständige Nachdenken, ob und wie die Glaubensweisheiten der Menschheit noch Leuchtkraft abstrahlen. Menschen einen Knust Christenmut mitgeben – schon stark, wenn es gelingt.

Wichtig ist mir geworden: Alles hat seinen Preis und alles ist Gnade. Will sagen: Man muss seine Begabungen zu Markte tragen, wir müssen unsere Energie an den Acker des Willens Gottes drangeben. Das Leben lässt sich nicht zwischen weichen Kissen knacken. Das Dasein will anständig bedient sein, damit es uns nährt. Und doch ist alles Gnade, auch der Fleiß, das Geschick. Sichriechenkönnen, Nützenkönnen, Belohntwerden. Wunderbar, hier zu sein, man Selbst zu sein, und Schönes schön, Gutes gut zu finden, die richtigen Dinge tun, die Dinge richtig tun – das Gelingen ist herrlich. Und am Allerbesten, das auch zu merken. Und es braucht soviel Bewahrung, so viele Engel.

Drei Stabilitäten halten mich: Die des Ortes, die des Glaubens, die der Ehe. Kurze Wege, viel Vertrautes, auf Reisen geht man am besten innen. Glaube, Liebe, Hoffnung, klar – ein weites Feld mit viel Befreundung. Und den Lebensgesprächspartner. Dank auch ihm.

Wie weiter? Das Leben, scheints, kann einen noch brauchen. Wichtig wird eine solide Krankenversicherung und eine hinreichende Rente. Immer weniger maßgeblich sein wollen. Und Neugier möge bleiben, auch über all das hier hinaus.

Gratulation zur Pensionierung – vor dir liegt Freudenland

Gratulation zur Rente – du hast sie verdient. Man ist doch mehr als im Beruf. Hast du wirklich vierzig Jahre deinen Mensch gestanden in harter Arbeit? Dann hast Du wahrlich ein Recht auf das gelobte Land der Pensionierung. Dann sollst du dein Auskommen haben, ohne dafür anderen entgeltlich nützen zu müssen. Du hast ja mehr verdient, als du ausgezahlt bekamst, all die Jahre. Jetzt iss dein Brot in Frieden mit dem, den du liebst. Und sei guten Mutes. Vor dir liegt Freudenland.

Wir sind nicht Kreisel, die umfallen, wenn sie die Peitsche vergisst. Wir brauchen nicht den Druck, in der Pflicht zu sein, um nicht zu verwahrlosen.

In unserm Alter wissen wir, was wir können oder konnten, und müssen niemandem mehr was beweisen. Sollen die andern erst mal diese Lebenszeit hergeben für andere. Keine Klagen: Auch die Zeit im Dienst war kostbar, du hast auch viel gelacht, vor allem hast du anderen was bedeutet. Sie brauchten dich, das war das Beste an der Arbeit. Aber wenn man geht, wird ein anderer Mensch die Stelle einnehmen, er soll es auch gut machen, ruhig anders, aber auch recht – alles hat seine Zeit, und das ist gut so.

Jetzt blick nach vorn. Du bist noch mehr, als du schon von dir weißt. Du wirst noch mehr du selbst, noch einmal anders. Natürlich wird das Ausschlafen nicht so genussvoll sein, wenn man es immer hat. Natürlich braucht die Ruhe zur Abwechslung auch Unruhe, sonst ist die Starre nah.

Natürlich braucht der Fluss der Zeit auch Termine, Stationen, Verabredungen, sonst wird es ein Brei. Aber du wirst ein glücklicher Mensch werden. Du wirst auch ohne Verpflichtung mit Menschen reden, auch ohne Zwang anderen nützen, auch ohne Dienstkalender zielstrebig sein. Freude am Gelingen, das sei dein künftig Zauberwort.

Ob im Garten du einen Teich dir anlegst oder eine Familienchronik schreibst, PC lernst und eine Babysitter-Omasitter-Vermittlung aufmachst, ob du Golfen lernst oder Kochen und einen Genießer-Freundeskreis aufziehst oder einen Stammtisch in deiner Kirchengemeinde ins Leben rufst oder mit Wohnwagen nach Masuren willst und dann weiter – du wirst es sehen.

Lass dich treiben in Richtung deiner Wünsche, und tu, was du willst. Und sorge dich überhaupt nicht, wenn du zunächst nur einfach da sein magst – glücklich du selbst. Wenn du das Nichtstun satt hast, kommt schon auf dich zu, was dich für sich einnimmt, verlass dich drauf. Überhaupt: Lerne sorgloswerden.

Und wichtig, du hast mindestens einen Menschen, mit dem du dich täglich einmal reibst, in jeder Hinsicht. Und wenn ihr zu zweit altert, habt Zeiten, wo ihr euch aus dem Weg geht und aus dem Blick lasst. Gut auch, kleiner zu ziehen oder altersgerecht umzubauen, solange man noch frisch ist. Es kommen die Tage, von denen schon die Bibel voraussagt: »Sie gefallen dir nicht.« Aber bis dahin bleiben dir Jahre, Jahrzehnte Erntedankzeit.

Erst mal leben – und dann das Abenteuer, alt zu werden

Mal hinlegen und nicht mehr aufwachen, das wäre schön – aber nicht gleich morgen, sagt die alte Dame und isst ihr Möhrenmus mit Hingabe. Es ist ein Abenteuer, das Altsein, Altwerden. Einer fasst zusammen: Wer das Altsein von fünfundsechzig bis achtzig erträglich genüsslich erlebt, der muss dann die Greisenmühen geballt ertragen. Klar, durch medizinische Lifter und fittere Lebensart werden viele viel älter und auch die Tage, Monate, Jahre, die nicht gefallen, ziehen sich. Doch, ich freue mich über so manchen Menschen, der zäh an seinem Leben hängt und den Himmel noch aufschiebt.

Riesig, die gern selbst für sich sorgen. »Selber, selber« ist eins unserer ersten Worte; sich selbst noch passen können, diese Leidenschaft hält den Tag voll und das Leben in Gang. Herrlich, noch den Partner an der Seite zu haben; nie will man ihn lassen. Wenn aber Abschied genommen sein muss, möge sich die schwarze Trauer in ein buntes Band des Erinnerns färben. Lebenswille möge sich neu einstellen mit einem ganz klein wenig bockigen »Ich bleib noch ein bisschen«. Dann ist die Zeit der langen Weile, wo man das Gras und alles Schöne in der Natur wachsen hören kann und die Urenkel (auch die »Angefütterten« aus der Nachbarschaft) kommen sieht, wie sie köstlich und mühsam immer mehr sie selbst werden. Dann kann man seinen Rhythmus finden, ganz auf sich selbst eingestellt, und fernsehen, bis alles Interesse für heute erloschen ist. Dann kann man endlich essen, wann man will, und tragen, was man will. Dann kann man sich herrlich aufregen, wenn liebe Menschen, auch Kinder, es wohl meinen und einen in ein sehr betreutes Wohnen umtopfen wollen. Irgendwann muss das sein. Aber eigentlich kann man doch nur sagen: Irgendwann kann es sein, dass man zu Hause nicht mehr allein kann. Und dann, wenn alle Bewegungsfreiheit und Wünsche gnädig klein geworden sind, dann – wie viel Erde braucht der Mensch – wird ein Platz in einem behüteten Haus bereitstehen.

Wichtig: erst mal leben, jetzt, heute, morgen. Jetzt Menschen in der Nähe haben, die helfen, möglichst gegen gute Bezahlung. Jetzt freundschaftliche Nächste – aber Nähe und Abstand noch selbst regeln können. Nicht versiegen möge die Lust auf Menschen. Die Kunst ist, sich mitzufreuen an anderer Leute Leben. Kann man noch raus, ist ein Glücksort doch der Spielplatz – wenn man noch lesen kann, und täglich ein neues Kinderbuch mitbringt (kann ja aus der Bibliothek sein) wie leicht wird man Oma, Opa vom Viertel.

Aber die Neugier schwindet – verengt sich jedenfalls auf die Allernächsten – es kann auch ein Hund sein, nicht schlecht auch eine Katze. Genüsslich sollte man sein Frühstück einnehmen, jeder Bissen mit Andacht, viel trinken sowieso. Und wenn der Trieb, etwas zu erzeugen, auch schwächer wird, sieh irgendwas wachsen in deiner Nähe, vielleicht deinen Baum im Jahreswechsel. Sagte doch der Maler Monet den Journalisten, die ihn zum 80. Geburtstag fotografieren wollten: »Nehmt meinen Garten auf, der sieht mir ähnlicher als ich.«

Sich das ewige Leben nehmen

Wir sollen leben. Dieser Befehl ist uns eingebaut: Wir müssen essen, trinken, wieder aufstehen, an ein Werk gehen, uns und andere ernähren, immer wieder, bis uns die Kräfte schwinden und wir alt und lebenssatt geworden sind. Es kann uns auch früher von hier wegziehen. Es kann sein, dass wir uns hier nicht mehr ertragen, aus Schmerzen des Leibes und der Seele. Dann reißen wir uns von hier weg, wie Heinrich von Kleist, der ging, »weil mir auf dieser Erde nicht zu helfen war«.

Es ist eine Auszeichnung sondergleichen, dass der Mensch nicht leben muss. Tiere müssen ihr Dasein fristen, Pflanzen wesen und verwesen ohne Willen, nur der Mensch ist geadelt, mit Einverständnis hier zu sein. Natürlich musste Selbsttötung früher mit einem Bann belegt sein, sonst wäre die Menschheit wohl längst ausgestorben bei den Strapazen zu überleben. Mord und Selbstmord nahmen dem Schöpfer was von seinem Besitz.

Aber die Bibel redet ohne Vorwurf vom Selbstmord. Prophet Elia legt sich erschöpft hin, isst nicht mehr, trinkt nicht mehr und will von hier weg. Ihn weckt ein Engel, nährt ihn und beauftragt ihn neu. König Saul ist von Traurigkeit erfüllt, die nur kurz von Davids Saitenspiel verscheucht wird, letztlich stürzt er sich doch in sein Schwert und wird betrauert. Judas »warf die dreißig Silberlinge des Verrates in den Tempel und erhängte sich«, doch in der Kirche zu Vezelay, in Burgund, zeigt ein Säulenkopf die wunderbare

Szene: Jesus trägt den toten Judas auf seiner Schulter, trägt ihn heim wie ein verlorenes Schaf.

Wir müssen nicht leben. Wir sind eingeladen, hier ein Stück Schöpfung mitzugestalten, ja, den Garten Eden zu bebauen und zu bewahren. Das Leben lohnt uns mit viel Freude. »Der dich erhält, wie es dir selber gefällt, hast du nicht dieses verspüret?« – dieser Lobgesang gelingt doch, wenn auch nicht alle Tage. Auch ist nicht ausgemacht, wie wir von hier wegkommen. »Wenn mir gleich Leib und Seele verschmachtet, bist du Gott doch alle Zeit, meines Herzens Trost und mein Teil« – singt Psalm 73. Ist das nicht ein Freispruch, nach drüben mich zu sehnen, wenn ich hier nicht mehr kann?

»Das Leben soll keine Straf sein, die Nacht soll für den Schlaf sein« (Bert Brecht). So ist das Hiersein gemeint, als dennoch Lebbares. Aber wer vor Schmerz nicht mehr aus noch ein weiß und stürzt sich aus der Welt in Gottes Arme, wie würde Er nicht auffangen und heil machen? Wichtig, dass wir trösten und lindern. Aber wenn ein Herz hier keinen Halt mehr findet, dann geht es ja aus Sehnsucht auf Besseres.

»Auch der Selbstmörder hat nicht den Willen zum besseren wirklichen Leben verneint, sondern einzig paradox mit fortlaufender Lebensbejahung nur die Bedingungen verneint, unter denen ihm dieses Leben geworden ist.« (Ernst Bloch) Ein Trost, dass wir nicht leben müssen, sondern uns das ewige Leben nehmen, ja herbeizerren können, in größter Not. Aber lassen wir keinen einfach gehen, hängen wir uns an ihn, stärken wir einander das Flämmchen Lebenslust.

An einen Menschen mit Lust zum Weglaufen

Lieber mir unbekannter Mensch – Sie wollen, können nicht mehr gut auf dieser Erde sein? Ihnen flüstert sich ein Zwang ein, von hier wegzugehen? Ein Wurmartiges nagt Ihre Lebenslust auf? Ja, es macht die Würde des Menschen aus, nicht nur automatisch vorhanden zu sein wie ein Baum. Wir Menschen müssen leben wollen, sonst können wir nicht (mehr). Aber Sie mit Jenseits-Sehnsucht, meinen Sie, alle Ihre Kräfte für hier seien ausgebrannt? Sie haben doch noch Freude an irgendwas, und wenn es ein aufregender Duft ist oder Essen und Trinken? Waren Sie schon in Venedig, berauscht vom Spiel der Sonne, der Formen, der Farben, des Wassers? Sahen Sie schon auf Island die Gletscher kalben? Sie haben doch die Schätze dieser Erde noch gar nicht ausgeschöpft.

Haben Sie Kinder, oder sind Sie Pate des Kinderheims in Ihrer Nähe? Wann waren Sie zuletzt in einem Zoo und sahen die Affen sich lausen und die majestätischen Giraffen schreiten? Und mustern Sie noch mal im Gemälde-Museum die vielen Antlitze von Menschen, die ihre Last weiter trugen. Und irgendwer wartet doch auf Sie, braucht Sie, würde sich Vorwürfe machen. Und wenn nicht, wie viel Nähe blieben Sie schuldig?

So können Sie nicht gehen. Vielleicht muss man fort, wenn Schmerz nicht mehr aushaltbar ist – doch wir haben ein Recht auf schmerzdämpfendes Morphium, dafür hat es doch Gott wachsen lassen. Gut, Sie machen Bilanz, aber ziehen Sie nicht den Schlussstrich, bitte. Wie sollten Sie beurteilen, ob Ihre Lebensarbeit hier abgeschlossen ist? Sie wissen doch nicht, was das Leben noch alles mit Ihnen vorhat und wofür es Sie braucht. Wenn Sie jetzt müde sind, schlafen Sie, bis es Sie wieder auf die Beine stellt zu neuem Tun, aber nehmen Sie sich nicht die Chance des neuen Tages. Schon gleich können Sie anderen Geistes sein. Wenn Sie noch gehen können, laden Sie den Nächstbesten auf einen Kaffee ein und erzählen ihm von Ihren Plänen, sollen Sie mal sehen was draus wird. Wenn Sie noch reden und hören können, rufen Sie Menschen an, hören Sie deren Klagen zu und deren Freuden. Oder machen Sie Besuch im Krankenhaus und bestaunen Sie anderleuts Kämpfen ums Überleben. Oder setzen Sie sich mal eine Stunde neben einen Bettler in der Straße, mal sehen, was der zu hören bekommt.

In Ihnen glüht doch noch Neugier unter der Asche der Zweifel. Viele Fragen warten noch auf Ihre Antwort, offene Fragen gehen mit, wohin auch immer. Nie werden wir etwas einfach los, wir werden nur verwandelt. Ich weiß, das Herz der Welt, das uns große Sehnsucht eingespeist hat, wird uns stillen. Sich das Leben nehmen heißt letztlich: Sich das ewige Leben nehmen, es an sich reißen. Aber schmeiß dich nicht weg von hier, du gehörst dir doch nicht. Gott küsst uns, wenn es Zeit ist, die Seele heim. Bis dahin verlieb dich noch einmal, sorg für einen, lach mit welchen, geling dir noch. Du hast noch nicht an alle Türen geklopft.

Einverstanden, mal zu gehen

Das Abreißen des Lebens entsetzt uns zutiefst. In einem Nu ist alles anders, ich bin nicht mehr von dieser Welt. Aber wie soll das gehen, dass ich fehle. Nicht mehr der Gefährte, die Geliebte sein, die Chefin, der Kollege, die Schwester. Es soll auf einmal ohne mich gehen und die Sachen anderen gehören? Sogar das Auto hört doch auf mich, und wer kann die Bücher schätzen, und wer liebt die Kinder und diese Unordnung zu Haus, es geht nicht. Und die Sonne soll ich nicht mehr sehen, nicht mehr plaudern, überzeugen, nicht mehr streicheln und mich streicheln lassen, nicht mehr die Enkel sich entwickeln sehen. Ich soll nicht mehr wollen dürfen? Nicht mehr auswählen und entscheiden, nicht mehr kaufen, spazieren, nicht mehr Mozart hören, Kirschen schmecken, nicht mehr mich freuen?

»Alles hat seine Zeit«, sagt der Prediger der Bibel, »geboren werden und sterben, pflanzen und ausreißen, würgen und heilen, brechen und bauen, weinen und lachen, … Streit und Friede hat seine Zeit«. Ja schon, sagen wir, der Wechsel ist das Normale, aber überhaupt keine Zeit mehr, der Triebfaden reißt, abgelaufen meine Frist? Dann sind wir weit voraus katapultiert. Die Nächsten sind Hinterbliebene, noch hinten auf der Strecke, rennend, rettend, laufend, ich schon vorweggenommen ins Ziel. Gott ist. Ich weiß es.

Ja, ich will einverstanden sein, auch einmal zu gehen und andern zu lassen die Liebe, die Sachen, die Blumen, die Mühen. Aber bitte, nicht jetzt, noch nicht jetzt. So betet es in uns, bitte kein »böser, schneller Tod«. Mal abgeschält werden vom schönen schweren Leben, lebenssatt gehen, mit Abschied, mit Winken und Freigeben. Das hat was von Ernte und erfüllter Zeit. Aber dies plötzlich Stockdunkle, dies Verlöschen, es zerreißt so viel, es tut nur weh.

Mit jeder Stunde gehen wir aufs Sterben zu – wenn wir fromm wären, dann gingen wir auf ein Fest. Es ist doch ein Zuende – Geborenwerden, das Leichentuch ist letzte Windel. Wir geben doch das Leben zurück, unsere Seele, unser Ich kehrt zurück ins Ein und Alles. Und bringt die Beute an Erfahrung, an Schuld und an Auf-den-Geschmack-gekommen-Sein. Gott wird mal das Ganze alles Geschehenen und Gefühlten sein, plus was daraus wird. Und du wirst teilhaben. In Gott sein ist das Gegenteil von tot sein. Also keine Angst vor dem Dann, kein Grämen vor dem Tod, auch kein Grämen um die Toten. Weil Gott ein Gott der Lebenden ist, darum gibt es keine Toten. Die sich vom Leben abkehrten, die sind doch im Glück. Uns ist aufgegeben, jetzt zu leben. Jetzt trauern mit den Trauernden und für die Leergeweinten wissen: Die Liebe kommt in neuen Kleidern wieder, wenn es dran ist.

Wir haben jetzt nichts als das Jetzt. Und in diesem Nu liegt die Fülle, also stemm dich jetzt ins Leben, diene ihm, und lass dich beglücken. Andreas Gryphius sagte es doch schon vollkommen: »Mein sind die Jahre nicht, die mir die Zeit genommen. Mein sind die Tage nicht, die noch wohl mögen kommen. Der Augenblick ist mein. Und nehm ich den in Acht. So ist der mein, der Zeit und Ewigkeit gemacht.«

Beerdigung braucht Evangelium

Wir brauchen Kirche in den Krisen; und Tod des geliebten Menschen ist Krise. Darum kam Hildegard Knef mit Gottesdienst zu Grabe, auch als »verwilderte«, als ausgetretene Protestantin.

Wenn uns ein Mensch stirbt, wollen wir ihn in Gottes Namen begraben und mit Vaterunser von uns lassen. Wir wollen ihm einen Dank nachrufen und Segen wünschen für die große Reise. Wer anders hat Vollmacht dafür als die Priester aller Zeiten, die den Übergang begleiten mit Gottes Wort und schützender Geste.

Was jedoch, wenn der Verstorbene der Kirche nicht angehörte, die trauernde Gesellschaft aber der Kirche bedarf? Wer sonst hat Worte des ewigen Lebens, hat Evangelium, gute Nachricht, dass vor uns Zukunft ist. Alle sonstigen Prognosen verstummen doch am Rande des Grabes. Nur die Musik reicht weiter und unsere Sehnsucht und das Wort Jesu: »Ich lebe und Ihr sollt auch leben.« Das kann kein Bürgermeister sagen, doch auch er will, dass es gesagt ist über den lieben Mitmenschen. Selbst der Marxist will auf dem Sterbebett nicht Marxens Kapital lesen.

Wenn wir Gott nicht nennen können als Born für unsere Tränen, ihn nicht hätten als letzte Adresse für unsere Klage – in welche Leere und Vernichtung müssten wir uns ausschütten! Wem sollen wir danken für die Liebe, die Sonne, die Freude? Wären das nicht alles »Großwortruinen« (Botho

Strauss) ohne diesen letzten Grund, das Geheimherz der Zeit, Gott genannt.

Wir brauchen Kirche in den Krisen; und Tod des geliebten Menschen ist Krise. Vielleicht meinen wir, uns genüge, verscharrt zu werden, aber den Geliebten, den muss man zu Grabe bringen dürfen wie zu einer Himmelfahrt. Welch Jammer, wenn sich Menschen ein stummes »unter den grünen Rasen« verfügen. Dabei soll die Beerdigung doch ein festlicher Auszug sein nach Anderland. Und ein Dank-Tag für alles geteilte Glück und die Vergebung für Versäumtes. Ähnlich der Kirche bedürftig sind wir bei der Hochzeit. Das Standesamt reicht zum Registrieren der Namen. Aber wenn sich Zwei vermählen lassen zu einer Geschichte, wenn zwei sich spannen lassen vor einen Lebenskarren, mit dem Horizont »bis dass der Tod uns scheide«, dann müssen beide wissen: Sie sind von Gott einander anvertraut und zugemutet. Wie soll man es sonst wagen.

Ebenso: ein Kind bekommen – wer will es wagen auf eine Kappe? Gut zu wissen: Gott liebt und braucht dich, darum lebst du, und wir Eltern sind die ersten Mitarbeiter und Engel. Wo wird das klarer verkündet als bei der Taufe: »Gut, dass du da bist, im Namen des Herrn.« Gesellschaft braucht Kirche. Berlin brauchte Kirche für den Abschied ihrer Ehrenbürgerin. Zwei von drei Berlinern tragen Kirche nicht mit. Dank denen, die Kirche lebendig halten. Die bewahrt nicht Asche auf, sondern hält das Feuer der Zuversicht am Brennen, das jedem leuchtet, auch den Achtlosen und den Verächtern.

Nach Hause sterben

»Kommt nicht sooft zum Grab, wir sind nicht hier«, soll meine Großmutter gesagt haben. Beruhigend zu wissen, dass sie für sich mehr erwarteten als Moder und Staub. Auch wollten sie keinen Ahnenkult, was ihre Kinder freisprach und ihre Enkel dazu.

Und doch ist ein Grab ein Segen. Ich kann an den Ort treten, wo deren Irdisches zur Erde kam und wieder zur Erde wurde. Kein Mensch würde Luthers oder Goethes Grab einebnen, da soll es mir doch Ehre sein, die Gräber meiner geliebten Menschen zu erhalten.

Wenn ich am Grabe von Nächsten stehe, gehen mir Gedanken des Friedens durchs Gemüt. Es überströmt mich eine Getrostheit, die ist nicht von dieser Welt. An Gräbern auch mir Unbekannter bin ich mit den Gegangenen in einer Reihe. Ich merke dann eine Güte, die mich und sie umfängt. Wohin sie gegangen sind, darüber denke ich oft nach. In ein Haus von Licht oder nach Anderland, wo Fried und Freude lacht. Die Gegend ist hier nicht lokalisierbar, entsprechend sagte Paul Klee: »Diesseits bin ich gar nicht fassbar.« Die uns starben, starben höchstens uns, aber nicht dem Leben. Sie wurden nur versetzt – vielleicht ist die Erdenzeit die Schule fürs Ewige, wohin wir dann entlassen und heimgeholt werden.

Sie sind im Sterben nach vorn katapultiert, sind in der Zukunft. Darum wohl sind wir Hinterbliebene, weil sie schon am Ziel sind, während wir noch auf der Strecke sind. Es ist ein Hecheln und Kämpfen um aller Menschen Leben vom Mutterleib an. »Wenn es köstlich gewesen ist, ist es Mühe und Arbeit gewesen, denn es fähret schnell dahin, als flögen wir davon«, so Psalm 90. Wir werden in den irdischen Tagen nicht gesättigt in unserem Hunger nach Liebe und Gutsein. Alle sterben wir unabgefunden in unserer Sehnsucht. Schon dies Ausgestrecktsein, dies »alle Lust will Ewigkeit« hat das Versprechen auf Erfüllung in sich, wie ja Durst ohne die Existenz von Wasser schlicht unmöglich wäre.

Unsere Sehnsucht nach Gott spricht dafür, dass Gott ist. Unser Wünschen, dass unsere Toten in ewige Liebe gehüllt sind, spricht dafür, dass sie im Frieden sind. Wenn wir mit Gottes Augen sehen, werden wir uns erkennen, wie wir schon von immer her gemeint waren – heil, wie wir uns für Sternstunden auf Erden schon glückten. Die uns starben, sind in unsern Genen, unserm Gedenken. In den Worten, der Musik, in allem Wissen sind auch die, die vor uns den Sachen die Namen gaben, die Töne setzten und das Wissen aus den Tiefen förderten. Aber die Toten sind vor allem uns voraus.

Es kann ein Mensch viele von seinen Gliedern verlieren, deswegen bleibt er doch und kann sagen: Ich bin. Es kann der Mensch seinen Leib verlieren, »den Reisesack des Lebens« (Robert Musil) – und doch wird er gerufen und findet sich vor Gott; der sagt: »Du bist mein«. Und das macht uns gewiss unsterblich. Also weiß deine Gestorbenen in guten Händen und du, mach dein Glück, lebe, liebe, lache gut, teil Deins mit Freuden.

Zu guter letzt: Behüt Dich Gott, bitte

Wenn wir voneinander gehen und uns mögen, dann wollen wir mehr sagen als »Gruß und Tschüs«. Wenn wir uns lassen, wollen wir Kraft mitgeben und mitnehmen: Geld für alle Fälle und ein Pfand der Liebe und ein Glückswort und Adressen für die Not. Und wollen Segen mitgeben. Wir wollen verbunden bleiben in einem schützenden Ganzen. Die unsichtbare überpersönliche Vater / Mutter möge uns beide halten.

Die dazu passende Geste sind weit geöffneten Arme. »Wer kommt in meine Arme« ruft Vater / Mutter dem Kind zu. Und es läuft los, stürzt sich in die ausgebreiteten Arme: Errettet fliegt es, gehalten, getragen im Kreis, bis es sich losreißt und wieder Seins macht unter behütenden Augen. Dies Bild als Muster für Bewahrung hat eine starke Aura: Es beschreibt die Welt im Zustand der Gnade. Du gehörst zum Haushalt Gottes. Du bist in Gutes Ganzes eingelassen; dem kommst du nie abhanden.

»Behüt dich Gott!« ist ein Gebet in Richtung Gott. Wir rufen uns vor den, der die Wirklichkeit betreibt. So leichthin sagt man: Die Geschichte oder die Evolution, die Entwicklung habe dies und das hervorgebracht. Dann unterdrückt man zwar das Wort Gott, hat aber der Entwicklung göttliche Qualitäten zugesprochen, die sie zu einem denkenden, wollenden Wesen macht. Das aber ist nicht der Fall, wie ja das Kochen auch nicht das Essen bereitet, sondern nur den Werdegang beschreibt. Wer aber lässt das Werden und Vergehen geschehen, wer dich?

Behüt dich Gott – formatiert unser Denken auf den größeren Zusammenhang. Der muss in den Blick kommen, wenn Abläufe unübersehbar werden, bei Abschieden, bei Wegen ins Krankenhaus, in Prüfungen. Jedes Teilnehmen am Verkehr braucht Achtsamkeit und Gottvertrauen, welches das Zutrauen in die anderen Verkehrsteilnehmer mit einschließt. Die Hoffnung, in einem guten Zusammenhang zu sein, sie müssen wir haben. Sonst dürften wir uns nur vorwagen, soweit unsere Witterung und Zahlungsfähigkeit reichen, wir auf uns selbst aufpassen können.

Darum ist auch: »Pass auf Dich auf!« ein schwaches Abschiedswort, ähnlich wie »Mahlzeit!« – das ist der ausgeglühte Rest von »Gesegnete Mahlzeit«, was wieder auch nur gemeinsames Schlusswort auf das Tischgebet hin war. Gut tut: »Fahr wohl, Gott behüte dich, komm gut heim!« – Wir sollten uns wieder Verheißung mitgeben: Ein geflüsterter Segen, ein Hauch von Gebet um Engel auf dem Weg, ein Kuss und ein Kreuz, auf die Stirn getupft, werden uns weiterbringen.

Lieferbare Radius-Bücher. Eine Auswahl

Gerhard Begrich/Jörg Uhle-Wettler: Vergessene Texte. Assoziationen (Vier Bände; auch einzeln erhältlich)
Wolfgang Erk (Hg.): Für diesen Tag und für alle Tage Deines Lebens
Wolfgang Erk (Hg.): Literarisches Geburtstagsbuch
Wolfgang Erk (Hg.): Viele gute Wünsche. Literarische Annäherungen
Traugott Giesen: Hiersein ist herrlich
Traugott Giesen / Hans Jessel: Sylt für die Seele. 45 Texte / 45 Photos
Klaus-Peter Hertzsch: Der ganze Fisch war voll Gesang
Klaus-Peter Hertzsch: Sag meinen Kindern, dass sie weiterziehn Erinnerungen
Reinhard Höppner: Wandern über das Wasser
J. Thomas Hörnig (Hg.): Apostolicum. Tübinger Predigten
Walter Jens: Das A und das O. Die Offenbarung
Walter Jens: Der Römerbrief
Walter Jens: Die vier Evangelien
Eberhard Jüngel: Anfänger. Herkunft und Zukunft christlicher Existenz
Eberhard Jüngel: Predigten 1 - 6 (Bände auch einzeln erhältlich)
Reiner Kunze: Die Aura der Wörter. Denkschrift zur Rechtschreibreform. Neuausgabe mit Zwischenbilanz
Reiner Kunze: Bleibt nur die eigne Stirn. Ausgewählte Reden
Gerd Lüdemann / Martina Janßen: Bibel der Häretiker. Nag Hammadi
Kurt Marti: Fromme Geschichten
Kurt Marti: Prediger Salomo. Weisheit inmitten der Globalisierung
Kurt Marti: Die Psalmen. Annäherungen
Kurt Marti: Ungrund Liebe. Klagen - Wünsche - Lieder
Eberhard Müller: Rehabilitation der Sünde. Neue Perspektiven im Schnittfeld von Quantentheorie und Schöpfungstheologie
Jörg Oberbeckmann / Michael M. Schönberg (Hg): gestorben und begraben – und siehe, sie leben! Nachrufe auf Theologen
Martin Scharpe (Hg.): Jesus unter Dichtern. Ein literarisches Evangelium
Martin Scharpe (Hg.): Heilige Nacht. Heiliger Tag Die 100 schönsten Weihnachtsgedichte und -geschichten
Friedrich Schorlemmer: Den Frieden riskieren
Olaf Schumann (Hg.): Zentrale Texte des Glaubens
Fulbert Steffensky (Hg.): Nicolaigasse Der Pfarrer und das Pfarrhaus in der Literatur
Rosemarie Wagner-Gehlhaar: Was glauben Sie? 60 Prominente antworten
Hanna Wolff: Jesus als Psychotherapeut
Hanna Wolff: Jesus der Mann. Jesus in tiefenpsychologischer Sicht

Prospekte und Informationen beim

Radius-Verlag · Alexanderstraße 162 · 70180 Stuttgart
Fon 0711.607 66 66   Fax 0711.607 55 55
www.Radius-Verlag.de   e-Mail: radiusverlag@freenet.de